AN ARAMAIC HANDBOOK

PORTA LINGUARUM ORIENTALIUM
HERAUSGEGEBEN VON BERTOLD SPULER UND HANS WEHR

NEUE SERIE

X

AN ARAMAIC HANDBOOK

1967

OTTO HARRASSOWITZ · WIESBADEN

AN ARAMAIC HANDBOOK

WITH CONTRIBUTIONS BY

Z. BEN-HAYYIM
M. BLACK
A. DUPONT-SOMMER
H. L. GINSBERG
H. INGHOLT
R. KÖBERT
E. Y. KUTSCHER
R. MACUCH
H. J. POLOTSKY
H. RITTER
F. ROSENTHAL
A. SPITALER

EDITED BY

FRANZ ROSENTHAL

PART I/1

TEXTS

1967

OTTO HARRASSOWITZ · WIESBADEN

Satz und Druck:
Buchdruckerei J. J. Augustin, Glückstadt
Hoppenstedt · Hessische Druckerei GmbH., Darmstadt
Buchdruckerei Hubert & Co., Göttingen
Gesamtherstellung: Hubert & Co., Göttingen
Printed in Germany

Table of Contents

Part I/1

Table of Contents

Part II

Foreword

The obvious purpose of this *Aramaic Handbook* is to provide, within a small compass, an opportunity for the student of any one Aramaic dialect to become acquainted with other Aramaic dialects and to learn what help they can possibly give him toward a better understanding of his own field. At the same time, it is thought that mastery of the selections from a given dialect will constitute a good basis for further work in that dialect. To a lesser degree, the raw material for a comparative study of Aramaic may be found in the texts presented.

The only editorial restriction placed upon the contributors concerned the approximate number of pages for the texts to be selected by them. A highly instructive variety of approaches has been the result. This variety shows itself in the character of the texts chosen, in their philological treatment, in the arrangement of the glossaries, in the amount of information considered necessary for inclusion in the glossaries, and in the choice of scripts and systems of transliteration. Some readers might wish for a greater measure of uniformity and blame the editor for not having imposed it. However, different approaches do exist. They are, indeed, necessary in view of the material treated or the purpose to be accomplished. It is therefore important to know about the range of existing possibilities and to become acquainted with the various methods of handling linguistic problems as practiced by recognized authorities in their respective fields. It can hardly be the purpose, and it would certainly not be the result, of a *Handbook* of this kind to propagate a uniformity which is unattainable at present— a uniformity, it may be added, whose attainment does not truly seem desirable, for the great task facing humanists today is the preservation of a modicum of diversity in the face of the inevitable onrush of an all-encompassing uniformity. As far as possible, the contributions were not exposed to any ill-advised attempts of editorial tampering. They have been left by and large unchanged. The few changes suggested by the editor were always graciously approved by the contributors concerned. They involved, for instance, minor adjustments in the transliteration or small additions and, more frequently under the pressure for conserving space, omissions in the glossaries. None of it, I believe, has touched, let alone altered, the fundamental complexion of the individual contributor's work.

The mechanics of printing have placed certain additional restrictions upon our work. The choice of type was not sufficient for all the requirements that, ideally, should have been complied with. It is not really necessary or advisable to reproduce the original scripts of texts derived from inscriptions and documents. The various and individual forms of writing employed in them require a special study and intensive application in nearly every case, and this may come after the basic linguistic knowledge has been acquired. On the other hand, dialects represented by a large and important literature must be studied in their own forms of writing from the very beginning. While the mechanical reproduction of handwritten or typed texts is not an ideal solution, it was the only possibility open to us for Samaritan and Mandaic. The preparation of these sections has required an additional amount of painstaking labor on the part of their authors, but it has been an essential contribution to our work well worth the effort involved. Only one of the Syriac scripts was available in type. This affects the Syriac and Palestinian Syriac sections, but it also prevented the inclusion of a specimen from missionary publications of Eastern Neo-Aramaic texts. The technical difficulties and high costs of setting Syriac also forced us to shorten the selection of Syriac texts to some extent. The contributor of this section cheerfully consented to shoulder the extra labor involved and, moreover, helped us in seeing the Syriac and Palestinian Syriac material through the press.

For reasons of space, notes and bibliographical references were dispensed with or kept down to a bare minimum. The absence of exact references is not meant to deny to fellow scholars their just claims to priority for any of the readings or interpretations accepted.

The table of scripts, provided by the editor, is most elementary in contents and execution. It contains the basic forms of the scripts used in the *Handbook* and also includes some scripts represented here by the texts in transliteration. The vowel signs have been left out altogether, and some secondary forms, such as the inverted *p* of Palestinian Syriac and its frequent use of an *r* with two dots in sg. nouns, have not been indicated. The forms are rough, freehand drawings. No historical nexus is implied by the sequence of the scripts in the table, quite apart from the fact that the Samaritan writing does not constitute an Aramaic development. The table of transliteration symbols employed for the Neo-Aramaic material is likewise devoid of scholarly ambition and intended merely to be of some practical use.

It remains for the editor to thank all the contributors for their willing collaboration and for the patience and forbearance they have shown on the many occasions when there was need for these two rare virtues. In their names as well as his own, he wishes to thank B. Spuler for his original suggestion to publish a work like the present one. We further owe thanks to B. Spuler and H. Wehr for their acceptance of the work in the *Porta* series edited by them. Finally, it is a most pleasant duty to acknowledge gratefully that in overcoming all the difficulties the publication of the work involved, the Otto Harrassowitz Publishing House and its Director, Dr. L. Reichert, have accomplished a magnificent job of organization and again proved their true devotion to Oriental scholarship.

Abbreviations and Symbols

The use of abbreviations and symbols has been avoided as much as possible, and those abbreviations and symbols that have been used are easily comprehensible. They are listed here for the sake of completeness. With two exceptions, the customary abbreviations for the books of the Bible are not included.

abs.	absolute state (noun), (inf.) absolute (verb)
accus.	accusative (direct object case)
adj.	adjective
adv.	adverb
Akk.	Akkadian
ap̄.	*ap̄ʿel*
Ar.	Arabic
Aram.	Aramaic
astrol.	astrological (term)
comm.	common gender
conj.	conjunction
conjug.	conjugation
cstr.	construct state
D	Daniel
del.	*delendum*
det.	determined (emphatic) state
Dial. Ar.	modern spoken Ar. dialect(s)
dittog.	dittography
E	Ezra
edd.	editions
Eg.	Egyptian
estap̄., eštap̄.	*estap̄ʿal, eštap̄ʿal*
eṯp.	*eṯpᵊʿel*
eṯpa.	*eṯpaʿʿal*
ettap̄.	*ettap̄ʿal*
f.	feminine, female
fut.	future
gen.	genitive
gramm.	grammatical (term)
H.	Hebrew
Ha.	Hatra(n)
hap., hap̄.	*hapʿel, hap̄ʿel*
haplog.	haplography
hitp., (h)iṯp.	*hitpᵊʿel, (h)iṯpᵊʿel*
hitpa., hiṯpa.	*hitpaʿʿal, hiṯpaʿʿal*
hittap̄.	*hittap̄ʿal*
hop̄.	*hop̄ʿal*
imp.	imperative
impf.	imperfect
in marg.	*in margine*
inf.	infinitive
ins.	insert
intrans.	intransitive
It.	Italian
iṯp.	*iṯpᵊʿel*
iṯpa.	*iṯpaʿʿal*
ittap̄.	*ittap̄ʿal*
juss.	jussive
K	*kṯīḇ*
K.	Kurdish
leg., leg.	*legendum* (read)
lit.	literally
m.	masculine, male
mil.	military, military term
ms., mss.	manuscript(s)
n.	note
n. act.	nomen actionis (action noun)
Na.	Nabataean
neg.	negation, negated
nom.	nominative
OS	Old Syriac (= Syriac)
P.	Persian
p.p.	perfect participle
Pa.	Palmyrene
pa.	*paʿʿel*

Pahl.	Pahlavi
par.	paragraph
part.	participle
pass.	passive
perf.	perfect
perh.	perhaps
pl.	plural, plate
prep.	preposition
pres.	present
pret.	preterite
prob.	probably
Q	*qrē*
q. v.	*quod vide*
rd.	read
s. v.	*sub voce*
šap̄.	*šap̄ᶜel*
sg.	singular
subj.	subjunctive
suff.	suffix(es)
supra lin.	*supra lineam*
Syr.	Syriac, Syriac version
Theod.	Theodotion
trans.	transitive, translation
V.	village dialect (of Ṭūrōyo)
v., vv.	verse(s)
var.	variant reading(s)
Vulg.	Vulgate
*	not attested (see also special explanations)
○ ◇	(see the glossary of Jewish Palestinian Aramaic)
+	plus
<	derived from
>	resulting in
→	see
[ ]	letters supplied (in inscriptions and documents)
⟨ ⟩	letters omitted (in the original)
LXX	Septuagint

Comparative Table of Transcriptions employed in the Neo-Aramaic Texts

Pronunciation	Maʿlūla	Urmi	Zakho	Ṭūrōyo
Glottal stop	ʾ		ʾ	ʾ
Voiced laryngal (Ar. ع)	ʿ		ʿ	ʿ
	a	a, ə	a, ā	a, ā
			ə	ä
	ai		ay	ai, ei
	au		aw	au, ou
b	b	b	b	b
ch	č	c (ç → j)	č	ç (c → j)
d	d	d	d	d
Spirantized d	ḏ			ḏ
Velarized (“emphatic”) d	ḏ̣		(ḍ)	ḏ̣
	e, ē	e	e, ē	e, ē
f	f		f	f
g		g	g	g
ǧ	(→ j)			
gh (Ar. غ)	ġ		ġ	ġ
h	h	h	h	h
ḥ (laryngal fricative h, Ar. ح)	ḥ		ḥ	ḥ
ḫ (kh) (Ar. خ, German ch in ach)	ḫ	x	x	x
	i, ī	i	i, ī	i, ī
(Turkish ı, Russian ы)		ï	(ü)	ı
j	(ǧ)	ç (j → y)	j	c
k	k	k	k	k
l	l	l	l (ḷ)	l
m	m	m	m (ṃ)	m
n	n	n	n (ṇ)	n
	o, ō	o	o, ō	o, ō
			ö, ȫ	ö (ou → au)
p	p	p	p (p̣)	p
Velarized k	q	q	q	q
r	r	r	r (ṛ)	r
s	s	s	s (s_2)	s
“Emphatic” s	ṣ	ṣ	ṣ	ṣ
sh	š	ş	š	ş
t	t	t	t	t
Spirantized t	ṯ			ṯ
“Emphatic” t	ṭ	ṭ	ṭ	ṭ
	u, ū	u	u, ū, ü	u, ū
v		(v → w)	v	
w	w	v	w	w
		(x → ḫ)	(x → ḫ)	(x → ḫ)
y	y	j	y	y
z	z	z	z (z_2)	z
“Emphatic” z	ẓ			
zh (voiced sh, French j)	ž		ž	

I. Ancient Aramaic Monumental Inscriptions

(André Dupont-Sommer)*

1. The Inscription of King Zakir

(End of the 9th cent. B.C., found in 1904 by H. Pognon near Afis, forty km. SW of Aleppo, and now in the Louvre. The bas-relief of the upper part is almost entirely lost. The lower part contains most of the inscription. The inscription is provided with word dividers. Cf. H. Pognon, *Inscriptions sémitiques* [Paris 1908], 156—78, pl. IX, X, XXXV, XXXVI; M. Lidzbarski, *Ephemeris* [Giessen 1900—15], III, 1—11; C. C. Torrey, in *Journal of the American Oriental Society*, XXXV [1915], 353—69; F. Rosenthal, in J. B. Pritchard [ed.], *Ancient Near Eastern Texts*, 2nd ed. [Princeton 1955], 501f.; I. N. Vinnikov, in *Epigrafika Vostoka*, X [1955], 84—94; H. Donner and W. Röllig, *Kanaanäische und aramäische Inschriften* [Wiesbaden 1962—64], II, 204—11.)

a (front)

1 [נ]צבא | זי | שם | זכר | מלך [|ח]מת | ולעש[1]) | לאלור [|ב]חזרך [|]
2 [א]נה | זכר | מלך | חמת | ולעש | אש | ענה[2]) | אנה | ו[קרא]
3 [נ]י | בעלשמין | וקם | עמי | והמלכני | בעלשמ[ין | ב |]
4 [ח]זרׄך | והוחד | עלי | ברהדד | בר | חזאל | מלך | ארם | ש
5 [שת] | עשר | מלכן | ברהדד | ומחנתה | וברגש | ומחנתה | ו
6 [מלך |] קוה | ומחנתה | ומלך | עמק | ומחנתה | ומלך | גרג[ם |]
7 [ומח]נתה | ומלך | שמאל | ומ[חנת]ה | ומלך | מלזׄ | [ומ]ח[נתה | ומלך]
8 [....] | ומחנתה | ומלך | .... | ומחנתה |] ושבעת [|מלכן |]
9 [ה]מׄו | ומחנות | הם | ושמו | כל מלכיא אל | מצר | על | חזר[ך |]
10 והרמו | שר | מן | שר | חזרך | והעמקו | חרץ | מן | חר[צה |]

---

* The author wishes to thank Dr. Maurice Sznycer for his help in preparing the manuscript of the texts and in establishing the glossary on the basis of the author's readings, translations, and notes.

[1]) Zakir was the ruler of two kingdoms, the well-known Ḥamath and one called Laʿaš, the region between Ḥamath and Aleppo of which the city of Ḥazrek was probably the capital.

[2]) Zakir calls himself "a humble man" not merely as an expression of piety in order to stress the all-powerful help of his god but also, it seems, as an allusion to his humble origin. Zakir who does not mention his genealogy was no doubt a usurper.

11 ואשא | ידי | אל | בעלש[מי]ן | ויענני | בעלשמי[ן | וימ]
12 [לל] | בעלשמין | אלי | [ב]יד | חזין | וביד | עדדן [| ויאמר |]
13 [לי] | בעלשמין | אל | תזחל | כי | אנה | המל[כתך | ואנה |]
14 [אק]ם | עמך | ואנה | אחצלך | מן | כל | [מלכיא | אל | זי |]
15 מחאו | עליך | מצר | ויאמר | ל[י | בעלשמין | ....]
16 כל | מלכיא | אל | זי | מחאו | [עליך | מצר | ....]
17 [..] | ושורא | זנה | ז[י | הרמו | ....]

b (left side)

1 [.......] חז[רך |] ק[....]
2 [.....] לרכב | [ו]לפרש |
3 [.....] מלכה | בגוה | אנ
4 [ה | ...]ת | חזרך | והוספ
5 [ת | לה] | אית | כל | מחגת [|]
6 [....]א | ושמתה | מלכ[תי]
7 [ושמ]תה | אר̊[קי | ובנית]
8 [אית |] ח̊סניא | אל [|] בכל | גב[ל]
9 [י | וב]נית [|] בתי | אלהן | בכ[ל]
10 [ארק]י | ובנית | אית [| .....]
11 [.. | ו]אית | אפש | ו[הושבת]
12 [כל | אלה]יא | בית [.....]
13 [.... | ו]שמת | קדם | [אל]
14 [ור] | נצבא | זנה | וכ[תב]
15 [ת | ב]ה | אית | אשר | ידי [|]
16 [ו]מן | יהגע | אית | אש̊[ר |]
17 [ידי] | זכר | מלך | חמ[ת | ול]
18 עש | מן | נצבא | זנה | ומ[ן |]
19 [י]הגע | נצבא | זנה | מן | ק̊
20 [ד]ם | אלור | ויהנסנה | מ̊[ן]
21 [אש]רה | או | מן | ישלח | ב[ה |]
22 [ידוה | ימ]תה [| | ......]
23 [.... | בע]לשמין | וא[ל]
24 [ועליון |] ושמש | ושהר
25 [ו ..... |] ואלהי | שמי[ן |]
26 [ואלה]י | ארק | ובעלע
27 [ינן . אית |] אשא | ואית |
28 [בנוה | ואית |] ש[ר]שה | ו̊

. . . .

c (right side)

. . . .

[.] שם ז̊כר | ושם [| ביתה]

2. The Sfire Inscriptions

(Middle of the 8th cent. B.C., found in 1930 in Sfire, twenty-five km. SE of Aleppo. Fragments of three stelae, of which the first two are now in Damascus and the third in Beirut, representing three different recensions of the treaty of an alliance imposed upon Matiʿel of Arpad by the king of KTK called Bar-gaʾayah. Only Stela III has preserved many of the paragraphs that were to be found on the face of monument and are now lost. There is no division between words in the original. Cf. S. Ronzevalle, in *Mélanges de l'Université Saint-Joseph,* XV [1930—31], 237—60, being the first edition of Stela I prepared under unfavorable conditions and now outdated as are all discussions depending on it; A. Dupont-Sommer [with J. Starcky], in *Bulletin du Musée de Beyrouth,* XIII [1956], 23—41, pl. I—VI; *idem, Les inscriptions araméennes de Sfiré* [Paris 1958, *Mémoires présentées par divers savants à l'Académie des Inscriptions et Belles-Lettres*]; F. Rosenthal, in *Bulletin of the American Schools of Oriental Research,* No. 158 [1960], 28—31; M. Noth, in *Zeitschrift des Deutschen Palästina-Vereins,* LXXVII [1961], 118—72; Donner and Röllig, II, 238—74.)

Sfire I

Front (A)

1 ע֯די ברגאיה מ֯לך כתך עם מתעאל בר עתרסמך מ֯לך [ארפד וע]
2 ד֯י בני ברגאיה עם בני מתעאל ועדי בני בני ברגא֯[יה ועקר]
3 ה עם עקר מתעאל בר עתרסמך מלך ארפד ועדי כתך עם [עדי]
4 ארפד ועדי בעלי כתך עם ע֯די בעלי ארפד ועדי חב[ר אררט]
5 ו עם ארם כלה ועם מצר ועם בנוה זי יסקן באשר֯[ה] ו֯[עם מלכי]
6 כל עלי ארם ותחתה ועם כל עלל בית מלך ונ[צבא עם ספרא ז]
7 נה שם ועדיא אלן֯ זי גזר ברגא֯[יה קדם ......]
8 ומלש[3]) וקדם מרדך וזרפנת וקדם נבא ות[שמת וקדם אר ונש]
9 ך וקדם נרגל ולץ וקדם שמש ונר וקדם ס[......... וק]
10 דם נכר וכדאה וקדם כל אלהי רחבה ואדם [... וקדם הדד ח]
11 לב וקדם סבת וקדם אל ועלין וקדם שמי[ן וארק וקדם צו]
12 לה ומעינן וקדם יום ולילה שהדן כל א[להי כתך ואלהי אר]
13 [פד] פ֯קחו עיניכם לחזיה עדי ברגאיה֯ [עם מתעאל מלך]
14 [ארפד] והן ישקר מתעאל בר עתרסמך מל֯[ך ארפד לברגאי]
15 [ה מלך כתך וה]ן֯ י֯שקר עקר מתעאל֯ [לעקר ברגאיה ...]
16 [.............. בני] גש כ֯ .. [..............]
[lines 17—19 not preserved]
20 [ ]מ֯ן ימ[.......]
21 [.............] שאת ואל תהרי ושבע֯ [מהי]נ֯קן ימשח[ן שדיהן ו]

---

[3]) The list of divine witnesses beginning at the end of l. 7 continues through l. 12. After the first two deities—belonging probably to the pantheon of KTK proper—, various Mesopotamian, Syrian, and Phoenician deities are enumerated. The diversity of the ethnic origin of the deities corresponds to the diversity of the countries in the coalition headed by Bar-gaʾayah.

22 יהינקן עלים ואל ישבע ושבע ססיה יהינקן על ואל יש[בע ושבע]
23 שורה יהינקן עגל ואל ישבע ושבע שאן יהינקן אמר ו[אל יש]
24 בע ושבע בכתה יהכן בשט לחם ואל יהרגן והן ישקר מתע[אל ⟨לברגאיה⟩ ול]
25 ברה ולעקרה תהוי מלכתה כמלכת חלם לכת חלם[4]) זי ימלך אשר [יסך ה]
26 דד כלמה לחיה בארק ובשמין וכלמה עמל ויסך על ארפד [אבני ב]
27 רד ושבע שנן יאכל ארבה ושבע שנן תאכל תולעה ושבע [שנן יס]
28 ק תוי על אפי ארקה ואל יפק חצר וליתחזה ירק ולי[תחזה]
29 אחוה ואל יתשמע קל כנר בארפד ובעמה המל מרק והמ[ון ל]
30 קח ויללה וישלחן אלהן מן כלמה אכל בארפד ובעמה [יאכל פ]
31 ם חוה ופם עקרב ופם דבהה ופם נמרה וסס וקמל וא[ף יפלן]
32 עלה קקבתן [יש]תחט לישמן אחוה ותהוי ארפד תל ל[רבק צי ו]
33 צבי ושעל וארנב ושרן וצדה ו.. ועקה ואל תאמר קר[יתא הא ו]
34 מדרא[5]) ומרבה ומזה ומבלה ושרן ותואם וביתאל ובינן ו[.... וא]
35 רנה וחזז ואדם איך[6]) זי תקד שעותא זא באש כן תקד ארפד ו[בנתה ר]
36 בת ויזרע בהן הדד מלח ושחלין ואל תאמר גנבא זנה ו[נבשא זא]
37 מתעאל ונבשה הא איכה זי תקד שעותא זא באש כן יקד מ[תעאל בא]
38 ש ואיך זי תשבר קשתא וחציא אלן כן ישבר אנהת והדד [קשת מתעאל]
39 וקשת רבוה ואיך זי יער גבר שעותא כן יער מתעא[ל ואיך ז]
40 [י] יגזר עגלא זנה כן יגזר מתעאל ויגזרן רבוה [ואיך זי יע]
41 [בד ז]נ[ה] כן יעבדן נשי מתעאל ונשי עקרה ונשי ר[בוה ואיך ז]
42 [י תקח גברת שעותא זא] וימחא על אפיה כן יקחן [נשי מתעאל ו]

....

Right side (C)

1 כה אמרן [....]. בן מה
2 כתבת א[נה מתע]אל לזכ
3 רן לברי [ולבר] ברי ז
4 י יסקן ב[אשר]י לטבת
5 [א] יעבד[ו קדם] שמשא
6 [לב]ית מ[לכי ז]י כל לח
7 [יה לתתעבד על] בית מ
8 [תעאל וברה ובר] ברה ע[ד]
9 [עלם ....].ו.[..]

[lines 10—13 not preserved]

14 [.........]מ...
15 יצרו אלהן מן יו

---

[4]) *lkt ḥlm* is probably a dittography of the preceding two words, caused by their ending in the letter *m*.

[5]) Here begins a long list of altogether twelve names, possibly, of towns or villages belonging to the kingdom of Arpad.

[6]) In the curse directed against Arpad that begins here, as well as in the following six curses, the formulas employed are clearly intended to accompany magic rites performed in connection with the ceremonies marking the conclusion of the treaty.

16 מ̊ה ומן ביתה ומן
17 ל̊יצר מלי ספרא זי בנצ̊בא זנה
18 ו̊יאמר אהלד מן מלו
19 ה̊ או אהפך טבתא ואשם
20 [ל]לחית ביום זי יעב
21 [ד] כן יהפכו אלהן אש̊
22 [א ה]א וביתה וכל זי [ב]
23 ה̊ וישמו תחתיתה [ל]
24 [ע]ליתה ואל ירת שר̊
25 [ש]ה אשם

Sfire III

....

1 או אל ברך או אל עקרך או אל חד מלכי ארפד וי[מל]ל [ע]ל̊י̊ א̊ו על
ברי או על בר ברי או על עקרי כים כל גב
2 ר זי יבעה רוח אפוה וימלל מלן לחית לעלי̊[..]... תקח מליא מן ידה
הסכר תהסכר הם בידי וב
3 רך יהסכר לברי ועקרך יסכר לעקרי ועקר [כל מ]ל̊כי אר̊פ̊ד יהסכרן
לי מה טב בעיני אעבר להם ו
4 הן להן שקרתם לכל אלהי עדיא זי בספרא [זנה] והן יקרק מני קרק̊ ח̊ד
פ̊קדי או חד אחי או חד
5 סרסי או חד עמא זי בידי ויהכן חלב לתס̊[ך ל]ה̊ם לחם ולתאמר להם
שלו על אשרכם ולתהרם נ
6 בשהם מני רקה תרקהם ותהשב הם לי והן לי[שב]ן̊ ב̊א̊ר̊קך ר̊קו שם עד̊
אהך אנה וארק הם והן תהרם נבשה
7 ם מני ותסך להם לחם ותאמר להם שבו לתחתכ[ם] ו̊אל תפנ̊ו באשרה
שקרתם בעדיא אלן וכל מלכיא זי ס
8 חרתי או כל זי רחמה אלי ואשלח מלאכי א[ל]וה לשלח או לכל חפצי או
ישלח מלאכה אלי פתח
9 ה לי ארחא לתמשל בי בזא ולתרשה לי עלי̊[ה ו]הן להן ש[ק]ר̊ת̊ ב̊ע̊דיא
אלן והן מן חד אחי או מן חד בי
10 ת אבי או מן חד בני או מן חד נגרי או מן חד̊ [פ]קדי או מן חד̊ ע̊מ̊י̊א
זי בידי או מן חד שנאי ו
11 יבעה ראשי להמתתי ולהמתת ברי ועקרי הן א̊י̊[ת]י יקתלן א̊ת תאתה
ותקם דמי מן יד שנאי וברך יאתה
12 יקם דם ברי מן שנאוה ובר ברך יאתה יקם ד[ם ב]ר̊ ברי ועקרך יאתה
יקם דם עקרי והן קריה הא נכה
13 תפוה בחרב והן חד אחי הא או חד עבדי או [חד] פקד̊י או חד עמא זי
בידי נכה תפה איה ועקרה ושג
14 בוה ומודדוה בחרב והן להן שקרת לכל אלהי [ע]ד̊יא זי בספרא זנה
והן יסק על לבבך ותשא על ש
15 פתיך להמתתי ויסק על לבב בר ברך וישא̊ על שפתוה להמתת בר ברי
או הן יסק על לבב עקרך

16 וישא על שפתוה להמתת עקרי והן יסק על [ל]בב מלכי ארפד בכלמה זי ימות בר אנש שקרתם לכ
17 ל אלהי עדיא זי בספרא זנה והן ירב בר[י] זי ישב על כהסאי[7] חד אחוה או יעברנה לתשלח לש
18 נך בניהם ותאמר לה קתל אחך או אסרה ו[אל] תשריה [ו]הן רקה תרקה בניהם ליקתל וליאסר
19 והן לתרקה בניהם שקרת בעדיא אלן ו̊[מ]ל̊כ̊ן [זי סחר]תי ויקרק קרקי אל חדהם ויקרק קר
20 קהם ויאתה אלי הן השב זי לי אהשב̊ [זי להם וא]ל תעשקני את והן להן שקרת בעדיא א
21 לן ולתשלח לשן בביתי ובני בני ובני א̊[חי ובני ע]קרי ובני עמי ותאמר להם קתלו מרא
22 כם והו יחלפה כי לטב הא מך ויקם חד [דמי והן ת]עבד מרמת עלי או על בני או על עקר[י]
23 [ש]קר̊תם לכל אלהי עדיא זי בספרא זנ[ה ותלאי]ם וכפריה ובעליה וגבלה לאבי ול
24 [ביתה עד] עלם וכזי חבזו אלהן בית [אבי הא ה]ות לאחרן וכעת השבו אלהן שיבת בי
25 [ת אבי ורבה בית] אבי ושבת תלאים ל[ברגאי]ה̊ ולברה ולבר ברה ולעקרה עד עלם ו
26 [הן ירב ברי וירב בר ב]ר̊י וירב עקרי [עם עקרך ע]ל̊ ת̊לאים וכפריה ובעליה מן ישא
27 [.......... מל]כ̊י ארפד [..........]לנ̊ה שקרת בעדיא אלן והן
28 [.................................] וישחדן כלמה מלך זי י
29 [.............................. כלמה ז]י שפר̊ וכלמ̊ה̊ זי ט[ב..]

....

3. Panamū II

(Second half of the 8th cent. B.C., found in 1888 near Zinjirli in Northern Syria, and now in Berlin. Among the inscriptions found in or near Zinjirli and referring to the history of the Aramaic kingdom of Śamʾal [Yaʾudi], that of Kilamū [second half of the 9th cent.] was written in Phoenician [with only one Aramaic word: בר], and that of Bar-Rekub [below, no. 4] in "classical" Aramaic, but two long inscriptions, that of the statue of Hadad and that of Panamū II presented here, show certain remarkable linguistic peculiarities, such as the absence of the emphatic state and a pl. m. ending in *-û/î*. Their language has variously been considered as a mixture of Canaanite and Aramaic, or as a special dialect or even an independent North-west Semitic language closer to Phoenician than to Aramaic, cf. J. Friedrich, *Phönizisch-Punische Grammatik* [Rome 1951], 153—62. However, in spite of a number of Phoenician affinities, the language of the inscription should be considered as basically Aramaic, and its peculiarities as reflecting

---

[7]) Obviously, a mistake of the engraver for *krsʾy*.

a local Aramaic dialect. This and the Bar-Rekub inscriptions have word dividers as indicated. Cf. E. Sachau, *Ausgrabungen in Sendschirli*, I [Berlin 1893], 55—84, pl. VIII; M. Lidzbarski, *Handbuch der nordsemitischen Epigraphik* [Weimar 1898], 442f., pl. XXIII; G. A. Cooke, *A Text-Book of North-Semitic Inscriptions* [Oxford 1903], 171—80; B. Landsberger, *Sam'al* [Ankara 1948]; Donner and Röllig, II, 223—32.)

1 נצב · זן · שם · בררכב · לאבה · לפנמו · בר · ברצר[8]) · מלך [יאדי] .....ב · שנת
קׄל .. [א]בי · פנמו · ב[צד]ק .

2 אבה · פלטוה · אלה · יאדי · מן · שחתה · אלה[9]) · הות · בבית · אבוה · וקם · אׄלׄה ·
הדׄ[ד] ...ק...משבה · עׄל ו..ו..א.ושב.ו.שחת[..].

3 בבית · אבה · והרג · אבה · ברצר · והרג · שבעי ::: · איחי · אבה · .... ל · רכב ·
הׄ ......בךׄ עלם.....ך · בעל · ....חל.. · לׄ[פנ]מו · [....]

4 ויתרה · מת · מלא · מסגרת · והכבר · קירת · חרבת · מן · קירת · ישבת · ו..נ...
........קׄ................ · ש.... · תשמ[ו]

5 חרב · בביתי · ותהרגו · חד · בני · וא גם · הוית · חרב · בארק · יאדי · וחׄל[י · ש]אל
פנמו בר קרל · א[ב אב] · אבי · ...ם · ב.ר · אבד ....[...]

6 שאה · ושורה · וחטה · ושערה · וקם · פרס · בשקל · ושטרבׄ. · ... בשקל · ואסנב ·
משח · בשקל · ויבל · אבי · ברׄ.... · .[.....]

7 עד · מלך · אשור · ומלכה · על · בית · אבה · והרג · אבןׄ · שחת · מן · בית · אבה
....מן · אצר... · ארקׄ · יאדי · מן · ב.....[..........]

8 ופשש · מסגרת · והרפי · שבי · יאדי · וק[ם ·] אבי · והרפי · נשי · בס........
[רכ]בא[ל] · בית · קתילת · וקנואל ..ב[..........]

9 בית · אבה · והיטבה · מן · קדמתה · וכברת · חטה · ושערה · ושאה · ושורה ·
ביומיה · ואז · אכלת · ושׄתׄ[ת] · ......[...........]

10 זלת · מוכרו · וביומי · אבי · פנמו · שם · מת · בעלי · כפירי · ובעלי · רכב ·
ו[נ]ח[ש]ב · אבי · פנמו · במצעתׄ · מלׄכי כׄבׄרׄ..[...............א]

11 בי · לו · בעל · כסף · הא · ולו · בעל · זהב · בחכמתה · ובצדקה · פי · אחז ·
בכנף · מ[ר]אה · מלך · אשור · ר[ב · ויכבדו · פחו · ואחו]

12 אשור · פחי · ואחי · יאדי · וחנאה · מראה · מלך · אשור · על · מלכי · כבר · ברש
.........[..................]

13 בגלגל · מראה · תגלתפלסר · מלך · אשור · מחנת · [מת] · מן · מוקא · שמש · ועד ·
מערב ו[מן] · [צפון · ועד · דרום · על]

14 רבעת ארק · ובנת · מוקא · שמש · יבל · מערב · ובנת · מערב · יבל · מו[קא ·
ש]מש · ואב[י · ....והוסף ל]

15 גבלה · מראה · תגלתפלסר · מלך · אשור · קירת · מן · גבל · גרגם · [ודננ]י̊ (?) ·
[וא]בי · פנמו · ברׄ · בׄ[רצר ....]

16 שמרג · וגם · מת · אבי · פנמו · בלגרי · מראה · תגלתפלסר · מלך · אשור · במחנת ·
גם [בכיה · מראה · מלך · אשור]

17 ובכיה · איחה · מלכו · ובכיתה · מחנת · מראה · מלך · אשור · כלה · ולקח ·
מראה · מלך · אשור · [........... תאכל · ותשת]

---

[8]) Bar-Rekub was the son of Panamū II, whose father Bar-Ṣur was the son of Panamū I, the son of QRL, the son of Kilamū.

[9]) *Sic leg.* (instead of *'zh*).

18 י · נבשה · והקם · לה · משכי[10]) · בארח · והעבר · אבי · מן · דמשק · לאשר. ביומי · שר[גון]...[............... ובכ]

19 יה · ביתה · כלה · ואנכי · ברכב · בר̊ · פנמ[ו · בצד]ק · אבי · ובצדקי · הושבני · מרא[י · תגלתפלסר · מלך · אשור · על · משב]

20 אבי · פנמו · בר · ברצר · ושמת · נצב · זן ·[מת · לאב]י · לפנמו · בר · ברצר · ומ..ת̊ בט̊......[...............]

21 ואמר · במשות · ועל · יבל · אמן · יסמ[וך] · מלך · [יד · עלה] · ויבל · יו[ק]א · קד̊ם̊ · קבר · אבי · פ[נמו] ...[...............]

22 וזכר · זנה · הא · פא · הדד · ואל · ורכבאל · בעל · בית · ושמש · וכל · אלהי · יאדי ....[......... ועל · בית]

23 י · קדם · אלהי · וקדם · אנש ·

4. Bar-Rekub, Son of Panamū II

(Ca. 730 B.C., found in 1891 in Zinjirli, and now in Istanbul. Written on a stone block of the new palace built by Bar-Rekub, near a bas-relief showing him in Assyrian dress. Cf. Sachau, in *Sitzungsberichte d. Preuss. Akad. d. Wiss., phil.-hist. Kl.*, 1896, 1051—56; Lidzbarski, *Handbuch*, 443f., pl. XXIV; Cooke, *Text-Book*, 180—84; Torrey, in *ZA*, XXVI [1912], 89f.; H. Donner, in *Mitteilungen des Instituts für Orientforschung*, III [1955], 73—98; Donner and Röllig, II, 232—34.)

1 אנה · ב[ר]רכב ·
2 בר · פנמו · מלך · שמ
3 אל · עבד · תגלתפליסר · מרא ·
4 רבעי · ארקא · בצדק · אבי · ובצד
5 קי · הושבני · מראי · רכבאל ·
6 ומראי · תגלתפליסר · על ·
7 כרסא · אבי · ובית · אבי · ע
8 מל · מן · כל · ורצת · בגלגל ·
9 מראי · מלך · אשור · במצע
10 ת · מלכן · רברבן · בעלי · כ
11 סף · ובעלי · זהב · ואחזת ·
12 בית · אבי · והיטבתה ·
13 מן · בית · חד · מלכן · רברב
14 ן · והתנאבו · אחי · מלכי
15 א · לכל · מה · טבת · ביתי · ו
16 בי · טב · לישה · לאבהי · מ
17 לכי · שמאל · הא · בית · כלמ
18 ו · להם · פהא · בית · שתוא · ל
19 הם · והא · בית · כיצא · ו
20 אנה · בנית · ביתא · זנה ·

10) *Sic leg.* (instead of *mšty*).

5. Two Sepulchral Inscriptions from Nerab

(7th cent. B.C., found in 1891 in Nerab SE of Aleppo, and now in the Louvre. Cf. Lidzbarski, *Handbuch*, 445, pl. XXV; Cooke, *Text-Book*, 186—91; Dupont-Sommer, *Les Araméens* [Paris 1949], 115f., fig. 12f.; Rosenthal, in Pritchard, *ANET*, 505; Donner and Röllig, II, 274—76.)

a) Sin-zir-ibni

1 ש̊שנזרבן כמר
2 שהר בנרב מת
3 וזנה צלמה
4 ואר צתה
5 מן את
6 תהנס צלמא
7 זנה וארצתא
8 מן אשרה
9 שהר ושמש ונכל ונשך יסחו
10 שמך ואשרך מן חין ומות לחה
11 יכטלוך ויהאבדו זרעך והן
12 תנצר צלמא וארצתא זא
13 אחרה ינצר
14 זי לך

b) Agbar

1 שאגבר כמר שהר בנרב
2 זנה צלמה בצדקתי קדמוה
3 שמני שם טב והארך יומי
4 ביום מתת פמי לאתאחז מן מלן
5 ובעיני מחזה אנה בני רבע בכון
6 י והום אתהמו ולשמו עמי מאן
7 כסף ונחש עם לבשי שמוני למען
8 לאחרה לתהנס ארצתי מן את תעשק
9 ותהנסני שהר ונכל ונשך יהבאשו
10 ממתתה ואחרתה תאבד

II. Aramaic Texts from Achaemenid Times

(Franz Rosenthal)

A) LETTERS

1. A Petition

concerning the restoration of the Jewish Temple

(A. Cowley, *Aramaic Papyri* [Oxford 1923], No. 30)

1 אל מראן בגוהי פחת יהוד עבדיך ידניה וכנותה כהניא זי ביב בירתא· שלם 2 מראן אלה שמיא ישאל שגיא בכל עדן ולרחמן ישימנך קדם דריוהוש מלכא 3 ובני ביתא יתיר מן זי כען חד אלף, וחין אריכן ינתן לך, וחדה ושריר הוי בכל עדן·

4 כען עבדך ידניה וכנותה כן אמרן: בירח תמוז שנת ר /// | דריוהוש מלכא, כזי ארשם 5 נפק ואזל על מלכא, כמריא זי חנוב אלהא זי ביב בירתא המונית עם וידרנג זי פרתרך תנה 6 הוה: לם אגורא זי יהו אלהא זי ביב בירתא יהעדו מן תמה· אחר וידרנג זך 7 לחיא אגרת שלח על נפין ברה זי רבחיל הוה בסון בירתא לאמר: אגורא זי ביב 8 בירתא ינדשו· אחר נפין דבר מצריא עם חילא אחרנן, אתו לבירת יב עם תליהם, 9 עלו באגורא זך, נדשוהי עד ארעא, ועמודיא זי אבנא זי הוו תמה תברו המו· אף הוה תרען 10 זי אבן /// // בנין פסילה זי אבן זי הוו באגורא זך נדשו, ודשיהם קימו וציריהם 11 זי דששיא אלך נחש· ומטלל עקהן זי ארז כלא זי עם שירית אשרנא ואחרן זי תמה 12 הוה כלא באשה שרפו, ומזרקיא זי זהבא וכסף ומנדעמתא זי הוה באגורא זך כלא לקחו 13 ולנפשהום עבדו· ומן יומי מלך מצרין אבהין בנו אגורא זך ביב בירתא, וכזי כנבוזי על למצרין, 14 אגורא זך בנה השכח, ואגורי אלהי מצרין כל מגרו, ואיש מנדעם באגורא זך לא חבל· 15 וכזי כזנה עביד, אנחנה עם נשין ובנין שקקן לבשן הוין וצימין ומצלין ליהו מרא שמיא 16 זי החוין בוידרנג זך· כלביא הנפקו כבלא מן רגלוהי, וכל נכסין זי קנה אבדו, וכל גברין 17 זי בעו באיש לאגורא זך כל קטילו, וחזין בהום·

אף קדמת זנה, בעדן זי זא באישתא 18 עביד לן, אגרה שלחן ⟨על⟩ מראן ועל יהוחנן כהנא רבא וכנותה כהניא זי בירושלם ועל אוסתן אחוהי 19 זי ענני וחרי יהודיא· אגרה חדה לא שלחו עלין· אף מן ירח תמוז שנת ר /// | דריהוש מלכא 20 ועד זנה יומא אנחנה

Variant readings, usually containing the more correct text, from Cowley, No. 31, which has preserved little more than one-half of the text, as the lefthand side of the papyrus is lost: 2 שגיא deest — 2 לרחמן — 4 כען :
— כסף ונכסין יהבו לוידרנג פרתרכא זי : המונית . . . פרתרך 5 — כעת
— זניהום : תליהם 8 — נפין זך 8 — [אגורא] זי יהו אלהא : אגורא 7
— מטלל אגורא זך כלא : מטלל 11 — פסלה 10 — רברבן |||| || : זי אבן |||| || 10
— יום מלכי 13 — וזי כספא : וכסף 12 — באשתא 12 — 11 כלא זי deest
: כבלא 16 — חוינא : החוין 16 — צימין 15 — [כ]ל[א] 14 — מצריא 14
— אגרה על זנה של[חן] שלחן 18 — כלא 17 — בעה : בעו 17 — כבלוהי
דריוהוש 19 — יהוד 19 — א[ף] על י׳ : ועל יהוחנן 18

שקקן לבשן וצימין, נשיא זילן כארמלה עבידין (leg. עבידן), משח לא משחן, 21 וחמר
לא שתין· אף מן זכי ועד יום שנת ר /// /// I דריהוש מלכא מנחה ולבונה ועלוה 22 לא
עבדו באגורא זך·

כען עבדיך ידניה וכנותה ויהודיא כל בעלי יב כן אמרין: 23 הן על מראן טב,
אתעשת על אגורא זך למבנה, בזי לא שבקן לן למבניה· חזי בעלי 24 טבתך ורחמיך
זי תנה במצרין· אגרה מנך ישתלח עליהום על אגורא זי יהו אלהא 25 למבניה ביב
בירתא, לקבל זי בנה הוה קדמין, ומחתא ולבונתא ועלותא יקרבון 26 על מדבחא
זי יהו אלהא בשמך, ונצלה עליך בכל עדן, אנחנה ונשין ובנין ויהודיא 27 כל זי תנה·
הן כן עבדו עד זי אגורא זך יתבנה, וצדקה יהוה לך קדם יהו אלה 28 שמיא מן גבר
זי יקרב לה עלוה ודבחן דמן כדמי כסף כנכרין ו אלף· ועל זהב על זנה 29 שלחן הודען·
אף כלא מליא באגרה חדה שלחן בשמן על דליה ושלמיה בני סנאבלט פחת שמרין·
30 אף בזנה זי עביד לן כלא, ארשם לא ידע·
ב ד למרחשון שנת ר /// /// I דריהוש מלכא·

— וכנותה ⟨....⟩ : וכנותה 22 — לבונה 21 — זך ע[דנ]א ועד ז[נה](?) : זכי ועד יום 21
תעבד : עבדו עד זי 27 — כלא 27 — נקרב : יקרבון 25 — אמרן 22 — כלא 22
(del. כנכרן אלף על : כנכרין . . . ועל 28 — דמי : דמן כדמי 28 — זי עד
— כלא זי : זי 30 — בשמן שלחן 29 — אגרה : באגרה 29 — (?ועל זהב
30 כלא deest.

1a. Memorandum

containing the official reply to the preceding document

(Cowley, No. 32)

1 זכרן זי בגוהי ודליה אמרו 2 לי: זכרן לם יהוי לך במצרין לממר 3 קדם ארשם
על בית מדבחא זי אלה 4 שמיא, זי ביב בירתא בנה 5 הוה מן קדמן קדם כנבוזי,
6 זי וידרנג לחיא זך נדש 7 בשנת ר /// I דריוהוש מלכא, 8 למבניה באתרה, כזי הוה
לקדמן, 9 ומנחתא ולבונתא יקרבון על 10 מדבחא זך, לקבל זי לקדמין 11 הוה
מתעבד·

2. A Letter by Aršāma

concerning slaves on his Egyptian estates

(G. R. Driver, *Aramaic Documents* [Oxford 1954], No. 5)

1 מן ארשם על ארתהנת· שלם ושררת שגיא הושרת [לך] וכעת· בזנה קדמי שלם,
2 אף תמה קדמ[י]ך שלם יהוי וכעת·

איתי גברן חילכ[ין] עבדן זילי במצרין, 3 פרימא שמה I, אמון שמה I, סרו שמה
I, תענפי שמה [I ...] שמה I, סרסבנז שמה I, 4 [...] שמה I, סרמנז שמה I, כא שמה
I, בגפרן שמה I, פיתרענז שמה I, אסמרוף 5 שמה I, מוסרם שמה I, כל גברן ר ///,
אבשוכן ממנין הוו בין בגיא זילי זי 6 בעליתא ותחתיתא· אחר כזי מצרין מרדת וחילא
הנדיז הוו, אדין 7 פרימא זך וכנותה לא שנציו למנעל בבירתא· אחר אנדרו לחיא
אחד המו, 8 עמה הוו·

כען הן עליך כות טב, מנך יתשם טעם כזי איש מנדעם באיש לא 9 יעבד לפירמא
זך וכנותה· ישתבקו, עבידתא זילי יעבדו כזי קדמן·

מן ארשם בר ביתא על ארתהנת זי ב[מצרי]ן

על חילכיא בין ב[ג]יא זילי זי [לא] שנציו
למנעל למצפה

3. A Letter by Aršāma

concerning the allocation of a domain

(Driver, No. 8)

1 מן ארשם על נחתחור כנזסרם וכנותה וכעת·
פטוסרי שמה ורשבר עלים [זי]לי שלח עלי, כן אמר: איתי פמון שמ[ה אבי, כזי]
2 יוזא במצרין הוה, זך אבד ובגה זי הוה מהחסן פמון שמה אבי, בית זרע א ד ר,
אשתבק בגו, בזי נשי ביתן כלא א[בדו עמה· כען] 3 לי בגה זי פמון אבי, אתעשת לי,
ינתנו לי, אהחסן·
כעת ארש[ם] כן אמר: הן כן הו[ה] כמליא אלה זי פטסרי שלח ע[לי על פמון]
4 שמה אבוהי, זך, כזי יוזא הוה במצרין, אבד עם נשי [ביתה, וב]גה זי פמון [שמה
אב]והי בית זרע א ד ר זך אשתב[ק, על ביתא זילי] 5 לא עביד, ולעלים אחרן זילי
מני לא יהיב, אחר אנה בגה זי פמון זך יהבת לפטסורי· אנתם החווהי, יהחסן, והלכא,
6 לקבל זי קדמן פמון אבוהי הוה חשל, יחשל על ביתא זילי·
ארתוהי ידע טעמא זנה· רשת ספרא·

מן ארשם על נחתחור פקידא [כנזס]רם וכנותה
המרכריא זי במצרין

4. A Letter by Aršāma

concerning a sculptor

(Driver, No. 9)

1 מן ארשם על נחתחור כנזסרם וכנותה וכעת·
חנזני שמה פתכרכר עלימ[א] זילי, זי בגסרו היתי שושן, זך פתפא הב 2 לה ולנשי
ביתה כאחרנן גרד בדיכרן זילי, ויעבד פתכרן זי פרש[....] יהוון, ויעבד פתכר סוסה
עם רכבה, לקבל זי קדמן עבד קדמי, 3 ופתכרן אחרנן· והושרו יהיתו עלי [ב]פריע
לעבק ול[עב]ק·
ארתוהי ידע טעמ[א ז]נה· רשת ספרא·

מן ארשם על נחתחור פקיד[א] כנזסרם
וכנותה המ[ר]כריא זי במצרין

5. A Private Letter (Ostracon)

(A. Dupont-Sommer, in *Semitica*, II [1949], 29ff.)

1 שלם, יסלח, כענת: הא בקלא אוש2ר מחר· ערקי אלפא מחר בשבה, 3 למה הן
יאבד· חיליהה, הן לא, נפשכ[י] 4 אלקח· אל תתכלי על משלמת 5 ועל שמעיה·

כען החלפי לי שערן· 6 פרעי פרען חט המו בקט· כענת, 7 חיליהה, הן לא, על 8 נפשכי
9 [חשב]נה· על דבר תקבר(?), מה זי 10 הושרת, תחת חמר ל[..]זיה כל[א] 11 הושרתה·
הן משלמת לא [....] 12 לי, אנתי מה תאמרן? תחזין אנפי 13 ואחזה אפיכי·

B) LEGAL DOCUMENTS

1. A Quitclaim

(Cowley, No. 6)

1 ב ר /// /// II לכסלו הו י[ום ///] /// I לתחות שנת ד I ראש מלכותא, כזי
2 ארתחשסש מלכא יתב בכרסאה, אמר דרגמן בר חרשין חרזמי זי אתרה 3 ביב בירתא
עביד לדגל ארתבנו למחסיה בר ידניה יהודי זי בבירת יב 4 לדגל וריזת לאמר:
ימאת לי ביהו אלהא ביב בירתא, אנת ואנתתך 5 וברך כל ///, על ארקא זילי
זי אנה קבלת עליך עלדברה קדם 6 דמידת וכנותה דיניא וטענוך לי מומאה למומא
ביהו עלדבר ארקא 7 זך, כזי לא הות ארק לדרגמן, זילי הא אנה· אף הא תחומי
ארקא זך 8 זי ימאת לי עלדברה: ביתי אנה דרגמן למוע⟨א⟩ שמש מנה, ובית קוניה
בר צדק 9 יהודי לדגל אתרופרן למערב שמש לה, ובית [יז]ניה בר אוריה 10 יהודי
לדגל וריזת לתחתיה לה, ובית אספמת בר פפטעונית 11 מלח זי מיא קשיא לעליה
לה·
ימאת לי ביהו והוטבת 12 לבבי על ארקא זך· לא אכהל אגרנך דין ודבב, אנה
ובר לי וברה 13 לי, אח ואחה לי, קריב ורחיק, על ארקא זך, אנת ובר לך וברה לך,
אח ואחה לך, קריב ורחיק· 14 זי יגרנך בשמי על ארקא זך, ינתן לך כסף כרשן ד
הו עשרן באבני 15 מלכא כסף ר II לעשרתא, וארקא זך אפם זילך, ואנת רחיק מן
16 כל דין זי יקבלון עליך עלדבר ארעא זך·
כתב איתו בר אבה ספרא 17 זנה בסון בירתא כפם דרגמן·
שהד הושע בר פטחנום· שהד 18 גדול בר יגדל· שהד גמריה בר אחיו· משלם בר
הושע 19 סינכשד בר נבוסמסכן· שהד הדדנורי בבליא· 20 שהד גדליה בר ענניה·
21 שהד אריישא בר ארוסתמר·

ספר מרחק זי כתב [דרגמן] בר חרשין למחסיה

2. A Conveyance

(Cowley, No. 8)

1 ב ד I לכסלו הו יום I למסורע שנת /// /// ארתחשסש מלכא אמר מחסיה 2 בר
ידניה יהוד[י] מהחסן ביב בירתא לדגל הומדת לנשן מבטחיה 3 ברתה לאמר:
אנה יהבת לכי בחיי ובמותי בית I ארק זי לי הוה, 4 משחתה ארכה מן תחתיה
לעליה אמן ר /// ופשך I, פתי מן מועא 5 למערב אמן ר I בעשתא, תחומוהי: עליה
לה בית דרגמן בר חרשין 6 דבק, תחתיה לה בית קוניה בר צדק, מועא שמש לה
בית יזן בר 7 אוריה בעלכי ובית זכריה בר נתן, מערב לה בית אספמת בר פפטעונית
8 מלח זי מיא קשיא· ביתא זנך ארק אנה יהבתה לכי בחיי ובמותי· 9 אנתי שליטה בה
מן יומא זנה ועד עלם ובניכי אחריכי· למן זי 10 רחמתי תנתנן· לא איתי לי בר וברה
אחרנן, אח ואחה, ואנתה 11 ואיש אחרן שליט בארקא זך להן אנתי ובניכי עד עלם·

זי [12] ירשנכי דין ודב[ב], אנתי ובר וברה לכי ואיש זילכי, בשם ארקא [13] זך זי יהבת לכי ויקבל עליכי סגן ודין, ינתן לכי ולבניכי [14] כסף כרשן ר הו עשרה באבני מלכא כסף ר II לעשרתא, ולא דין ולא דבב, [15] וביתא ביתכי אפם ולבניכי אחריכי· ולא יכהלון יהנפקון עליכי [16] ספר חדת ועתיק בשמי על ארקא זך למנתן לאיש אחרן· זך ספרא [17] זי יהנפקון עליכי כדב יהוה, לא אנה כתבתה, ולא יתלקח בדין [18] וספרא זנה בידכי·

ואף אנה מחסיה מחר או יום אחרן לא אהנצל [19] מנכי למנתן לאחרנן ארקא זך זיליכי (leg. זילכי)· בני והבי למן זי רחמתי· [20] הן מחר או יום אחרן ארשנכי דין ודבב ואמר: לא יהבת לכי, [21] אנה אנתן לכי כסף כרשן ר באבני מלכא כסף ר II לעשרתא, ולא דין [22] ולא דבב, וביתא ביתכי אפם· ואהך בדין ולא אצדק וספרא זנה בידכי·

[23] אף איתי ספר מרחק I זי דרגמן בר חרשין חרזמיא כתב לי על [24] ארקא זך, כזי רשה עליה קדם דיניא, ומומא⟨ה⟩ טעינת לה וימאת לה [25] כזי זילי הי, וספר מרחק כתב ויהב לי· ספרא זך אנה יהבתה לכי, [26] אנתי החסנהי· הן מחר או יום אחרן דרגמן או בר זילה ירשה [27] על ביתא זך, ספרא זך הנפקי ולקבלה דין עבדי עמה·

כתב עתרשורי [28] בר נבוזראבן ספרא זנה בסון בירתא כפם מחסיה·

שהדיא בגו: (names of twelve witnesses)

ספר בי [I זי יהב] מחסה בר ידנ[יה] למבטח ברת מחסה

3. A Deed of Loan (IOU)

(Cowley, No. 10)

[1] ב /// /// I לכסלו הו יום /// I לירח תחות שנת /// /// /// ארתחששס [2] מלכא אמרת יהוחן ברת משלך נשן זי יב בירתא למשלם בר [3] זכור יהודי זי יב בירתא לאמר:

יהבת לי זפת כסף שקלן [4] \/// הו ארבעה באבני מלכא במרביתה, ירבה עלי [5] כסף חלרן II לתקל I לירח I הוה (leg. הו) כסף חלרן ///// /// II [6] לירח חד· הן מטת מרביתא לרשא, ירבה מרביתא כרשא [7] חד כחד· והן מטא תנין שנה ולא שלמתך בכספך [8] ומרביתה זי כתיב בספרא זנה, אנת משלם ובניך שליטן [9] למלקח לך כל ערבן זי תשכח לי, בי זי לבנן, כסף ודהב, [10] נחש ופרזל, עבד ואמה, שערן כנתן, וכל זון זי תשכח לי, [11] עד תתמלא בכספך ומרביתה·

ולא אכל אמר לך: לם שלמתך [12] בכספך ומרביתה, וספרא זנה בידך· ולא אכל אקבל [13] עליך קדם סגן ודין: לם לקחת מני ערבן, וספרא [14] זנה בידך·

והן מיתת ולא שלמתך בכספא זנה ומרביתה, [15] בני המו ישלמון לך כספא זנה ומרביתה· והן [16] לא שלמו לך כספא זנה ומרביתה, אנת משלם שליט [17] למלקח לך כל זון וערבן זי תשכח להם, עד תתמלא [18] בכספך ומרביתה· ולא יכלון יקבלון עליך קדם סגן [19] ודין וספרא זנה בידך· אף יהכון בדין ולא יצדקון [20] וספרא זנה בידך·

כתב נתן בר ענני ספרא זנה [21] כפם יהוחן·

ושהדיא בגו: (names of four witnesses)

ספר כסף דנה זי כתבת יהוחן ברת משלך למשלם בר זכ[ור]

4. A Marriage Contract

(E. G. Kraeling. *The Brooklyn Museum Aramaic Papyri* [New Haven 1953], No. 2)

1 [ב]ר /// /// II [תמוז הו יום ///] לירח פרמותי שנת ר /// /// ארתחש⟨סש⟩ מלכא
אמר 2 ענניה בר עזריה לחן זי יהו אלהא זי ביב בירתא למשלם בר זכור ארמי זי
סון 3 לדגל וריזת לאמר:
אנה אתית [ע]ליך למנתן לי לתמת [שמה] אמתך לאנתו· הי אנתתי 4 ואנה בעלה
מן יומא זנה ועד עלם·
הנעלת לי תמת בידה לבש I זי עמר שוה כסף 5 שקלן /// /// I, מחזי I שויה כסף
חלרן /// /// \ פלג, שנן משאן I, משח בשם 6 פלג חפנא, תקם חפנן /// ///, פיק I· כל
כספא ודמי נכסיא כסף שקלן /// /// \ 7 חלרן /// /// \ פלג·
מחר או יום אחרן יקום ענני בעדה ויאמר: שנאת לתמת אנתתי, 8 כסף שנא⟨ה⟩
בראשה, ינתן לתמת כסף תקלן /// /// I ר II, וכל זי הנעלת בידה תהנפק מן חם 9 עד
חוט·
מחר או יום אחרן תקם תמת ותאמר: שנאת לבעלי ענני, כסף ש⟨נ⟩אה בראשה,
10 תנתן לענני כסף שקלן /// /// \ ר II, וכל זי הנעלת בידה תהנפק מן חם עד חוט·
מחר או יום 11 אחרן ימות ענניה, תמת הי שליטה בכל נכסן זי יהוון בין ענני ותמת·
12 מחר או יום אחרן תמות תמת, ענני הו שליט בכל נכסן זי יהוון בין 13 תמת ובין
ענני·
ואנה משלם מחר או יום אחרן לא אכל אנצל לפלטי מן תחת 14 לבבך, בר מן
זי אנת תתרך לאמה תמת· והן הנצלתה מנך, אנתן לענני כסף כרשן /// II·
כתב נתן בר ענניה ספרא זנה·
ושהדיא 15 בגו: (names of three witnesses)

הנעלת תמת לענני בידה כסף כרש I שקלן IIII II

C) LITERARY TEXTS

1. From the Aḥīqar Story

(Cowley, pp. 204ff.)

(Aḥîqar recommends his nephew as his successor)

17 שב אנה, לא אכהל למפלח בבב היכלא [ולמעבד לך עבידתי· 18 ה]א נדן שמה
ברי רבא והו יחלף לי ספר [ויעט אתור כלה והו 19 צבי]ת עזקה יהוה לך· אף חכמתי
וע[טתי חכמתה· ענה אסרחאדן 20 מל]ך אתור ואמר לי: כותא לם יה[וי· ברך ספר
ויעט וצבית עזקה לי 21 יהוי] חלפיך· עבידתך הו יעבד [לי ....]

(Aḥîqar, under suspicion because of his nephew's treachery, is pursued by the king's officials)

41 [וכזי חזני נב]וסמסכן רביא [זך קרב]תא בזע כתונה, היליל 42 [ואמר: אנת הו]
ספרא חכימא ובעל עטתא טבתא זי גבר 43 [צדיק הוה וע]ל עטתה ומלוהי הות אתור
כלא? ידעך 44 [ברא זי רבי]ת זי הקימת בתרע היכלא, הו חבלך ותובא 45 [באיש
עבד· קר]בתא דחלת לם, אחיקר? ענית ואמרת לנבוסמ[סכן 46 רביא זך לא] אנה
הו אחיקר זי קדמן שזבך מן קטל זכי, 47 [כזי סנחאריב] אבוהי זי אסרחאדן זנה מלכא

חמר עליך 48 [למקטלך? קרב]תא יבלתך לביתא זילי· תמה הוית מסבל לך 49 כאיש
עם אחוהי והצפנתך מנה· אמרת: קטלתה, עד זי לעד[ן א]חרן וליומן אחרנן 50 שגיאן
קרבתך קדם סנחאריב מלכא והעדית חטאיך קדמוהי, ובאיש[תא] 51 לא עבד לך·
אף שגיא סנחאריב מלכא רחמני על זי החיתך ולא קטלתך· כען אנת, 52 לקבל זי
אנה עבדת לך, כן אפו עבד לי· אל תקטלני· בלני לביתך ע[ד] ליומן אחרנן·
53 אסרחאדן מלכא רחמן הו כמנדע· על אחרן יזכרני ועטתי יבעה· א[חר] אנת
54 [תקר]בני עלוהי, ויהחיני· אחר [ענה] נבוסמסכן רביא ואמר לי: אל תדחל, לם
55 [תח]יי, אחיקר אבוה זי אתור כלה זי על עטתה סנחאר[י]ב מלכא וחיל אתור
56 [כלא הוו·] קרבתא נבוסמסכן רביא אמר לכנותה, גבריא אלך תרין זי עמה 57 [זי
תמה] אתו: לם א[נתם ק]רב[ו] עלי, ואנה אמר לכם עטתא [זילי], ועטה טבה הי
58 [שגיא·] אח[ר ענו גבריא] אלך תרין ואמרו ל[ה: אנת] ל[ם א]מר לן, נבוסמסכן
רביא, 59 זי [אנת] א[מר ואנחנה נשמע]נך· קרבתא [ענה נבוסמסכן ר]ביא ואמר להם:
שמעו לי· 60 לם זנה [אחי]קר רב [צבית עז]קה זי אסרחא[דן מלכא ה]ו, ועל עטתה
ומלוהי 61 חיל [אתו]ר כלא הוו· אנחנה אל נקטלנהי· [איתי עלים] סריס זילי, אנתן לכם,
62 יתקטל בי[ן] טוריא [אל]ה תרין חלף אחיקר זנה· וכז[י ישתמע,] גברן אחרנן מלכא
[יש]לח 63 [א]חרין פגרה זי אחיקר זנה למחזה· אחר [יחזון פגר]ה זי סריסא [זנ]ה
עלימא זילי 64 עד זי על אחרן אסרחאדן [מלכא יזכר אחיקר ועטתה יבעה ....]

(Aḥîqar, after his re-instatement, lectures his ungrateful nephew)

79 מ[ה] חסין הו מן חמר נער? ב[ל]תא· 80 ברא זי יתאלף ויתסר ויתשים ארחא
ברגלו[הי ....] 81 אל תהחשך ברך מן חטר· הן לו, לא תכהל תהנצלנ[הי מן באישתא·]
82 הן אמחאנך, ברי, לא תמות, והן אשבקן על לבבך, [לא תחיה·] 83 מחאה לעלים,
כא[יה] ⟨ל⟩לחנת, אף לכל עבדיך אל[פנא·]

100 אל תכבה מלת מלך· רפאה תהוי [לבשר]ך· רכיך ממלל מלך, שרק ועזיז הו
מן סכין פמ[ין]· 101 חזי קדמתך מנדעם קשה [על א]נפי מ[לך] אל תקום· זעיר כצפה
מן ברק· אנת אשתמר לך· 102 אל יח[ונ]הי על א[מ]ריך, ותהך [ב]לא ביומיך·
103 [עביד]ת מלך, הן פקיד לך, אשה יקדה הי, עבק עבדה[י· א]ל תהנשק עליך,
ותכסה כפיך, [..104..]ף מלת מלך בחמר לבבא· [למ]ה ישפטון עקן עם אשה, בשר
עם סכין, איש עם [מלך]? 105 טעמת אף זעררתא מררתא ו[מרר]א חסין, ולא איתי
זי [מ]ריר מן ענוה·

118 נמרא פגע לענזא והי עריה· ענה נמרא ואמר לענזא: אתי, ואכסנכי משכי· [ענת]
119 ענזא ואמרת לנמרא: למה לי? נסיכי, גלדי אל תלקחן מני, כי לא [ישא]ל 120 שלם
טביא להן למונק דמה·

165 [סנ]יא שדר לרמנ[א]: לם סניא לרמנא· מה טב שג[יא] כבי[ך לזי נ]גע [באנ]ביך?
166 [...ענ]ה [רמנ]א ואמר לסניא: אנת כל[ך] כבן עם זי נגע בך·

2. Funeral Inscription in Metrical Form

(*Corpus Inscriptionum Semiticarum*, II, 141; H. Donner and W. Röllig, *Kanaanäische und aramäische Inschriften* [Wiesbaden 1962—64], II, 318—20)

1 בריכה תבא ברת תחפי   תמנחא זי אוסרי אלהא·
2 מנדעם באיש לא עבדת   וכרצי איש לא אמרת תמה·
3 קדם אוסרי בריכה הוי   מן קדם אוסרי מין קחי·
4 הוי פלחה נמעתי   ובין חסיה [....]·

III. BIBLICAL ARAMAIC

(H. L. Ginsberg)

(In Genesis, Jeremiah, and Ezra, all the maqqephs of the Masoretic Text are reproduced; in Daniel, only those which follow a word whose vocalization has been modified by proclisis, i. e. those which follow כָּל־, for כֹּל.)

1. Genesis 31:47

Laban the Aramean's Equivalent of Jacob the Hebrew's גַּלְעֵד

יְגַר שָׂהֲדוּתָא.

2. Jeremiah 10:11

An Incantation-like Slogan against Idols

כִּדְנָה תֵּאמְרוּן לְהוֹם: אֱלָהַיָּא דִּי־שְׁמַיָּא וְאַרְקָא לָא עֲבַדוּ יֵאבַדוּ מֵאַרְעָא וּמִן־תְּחוֹת
שְׁמַיָּא אֵלֶּה!

3. Ezra 4:8–6:18

The Jerusalem Community in Early Persian Times

8 רְחוּם בְּעֵל־טְעֵם וְשִׁמְשַׁי סָפְרָא כְּתַבוּ אִגְּרָה חֲדָה עַל־יְרוּשְׁלֶם לְאַרְתַּחְשַׁשְׂתְּא מַלְכָּא,
כְּנֵמָא. – 9 אֱדַיִן[a] רְחוּם בְּעֵל־טְעֵם וְשִׁמְשַׁי סָפְרָא וּשְׁאָר כְּנָוָתְהוֹן דִּינָיֵא וַאֲפַרְסַתְכָיֵא
טַרְפְּלָיֵא, אֲפָרְסָיֵא, אַרְכְּוָיֵ, בָבְלָיֵא, שׁוּשַׁנְכָיֵא (דהוא[b] עֵלְמָיֵא), 10 וּשְׁאָר אֻמַּיָּא דִּי הַגְלִי
אָסְנַפַּר רַבָּא וְיַקִּירָא וְהוֹתֵב הִמּוֹ בְּקִרְיָה[a] דִּי שָׁמְרָיִן וּשְׁאָר עֲבַר־נַהֲרָה וּכְעֶנֶת[b]. –
11 דְּנָה פַּרְשֶׁגֶן אִגַּרְתָּא דִּי שְׁלַחוּ עֲלוֹהִי:
עַל־אַרְתַּחְשַׁשְׂתְּא מַלְכָּא – עַבְדָיךְ[a] אֱנָשׁ עֲבַר־נַהֲרָה.
וּכְעֶנֶת, 12 יְדִיעַ לֶהֱוֵא לְמַלְכָּא דִּי יְהוּדָיֵא דִּי סְלִקוּ מִן־לְוָתָךְ עֲלֶינָא[a] אֲתוֹ
לִירוּשְׁלֶם. קִרְיְתָא מָרָדְתָּא וּבִאישְׁתָּא בָּנַיִן [b]ושורי אשכללו[b], וְאֻשַּׁיָּא יַחִיטוּ[c]. 13 כְּעַן,

9 [a]Perhaps read אִלֵּין (Rudolph) || [b]Q דֶּהָיֵא, but K probably = דִּי הוּא or the late דְּהוּא "that is to say" ||

10 [a]See Glossary *s. v.* קִרְיָה || [b]Omit (contamination by end of v. 11) ||

11 [a]Q (and so always in corresponding forms) עַבְדָךְ ||

12 [a]Q (and similarly always in corr. forms) עֲלֶנָא || [b–b]Q וְשׁוּרַיָּא שַׁכְלִלוּ; rd. וְשׁוּרַיָּה מִשְׁתַּכְלְלִין (as if וְשׁוּרַה [so always Q in corr. forms]); cf. v. 13[a] || [c]Perhaps rd. יַהִיבוּ, cf. 6:15 ||

יְדִיעַ לֶהֱוֵא לְמַלְכָּא דִּי הֵן קִרְיְתָא דָךְ תִּתְבְּנֵא וְשׁוּרַיָּה[a] יִשְׁתַּכְלְלוּן, מִנְדָּה־, בְלוֹ,
וַהֲלָךְ לָא יִנְתְּנוּן, וְאַפְּתֹם מַלְכִים תְּהַנְזִק.
14 כְּעַן, כָּל־קֳבֵל דִּי־מְלַח הֵיכְלָא מְלַחְנָא[a], וְעַרְוַת מַלְכָּא לָא אֲרִיךְ לַנָא לְמֶחֱזֵא,
עַל־דְּנָה שְׁלַחְנָא וְהוֹדַעְנָא לְמַלְכָּא 15 דִּי יְבַקַּר בִּסְפַר־דָּכְרָנַיָּא דִּי אֲבָהָתָךְ וּתְהַשְׁכַּח
בִּסְפַר דָּכְרָנַיָּא וְתִנְדַּע דִּי קִרְיְתָא דָךְ קִרְיָא מָרָדָא וּמְהַנְזְקַת מַלְכִין וּמְדִנָן[a]
וְאֶשְׁתַּדּוּר עָבְדִין בְּגַוַּהּ מִן־יוֹמָת עָלְמָא: עַל־דְּנָה קִרְיְתָא דָךְ הָחָרְבַת.
16 מְהוֹדְעִין אֲנַחְנָה לְמַלְכָּא דִּי הֵן קִרְיְתָא דָךְ תִּתְבְּנֵא וְשׁוּרַיָּה[a] יִשְׁתַּכְלְלוּן, לָקֳבֵל
דְּנָה חֲלָק בַּעֲבַר נַהֲרָא לָא אִיתַי לָךְ.
17 פִּתְגָמָא[a] שְׁלַח מַלְכָּא:
עַל־רְחוּם בְּעֵל־טְעֵם וְשִׁמְשַׁי סָפְרָא וּשְׁאָר כְּנָוָתְהוֹן דִּי יָתְבִין בְּשָׁמְרָיִן וּשְׁאָר עֲבַר־
נַהֲרָה – שְׁלָם!
וּכְעֶת, 18 נִשְׁתְּוָנָא דִּי שְׁלַחְתּוּן עֲלֶינָא מְפָרַשׁ קֱרִי קָדָמָי; 19 וּמִנִּי שִׂים טְעֵם, וּבַקַּרוּ
וְהַשְׁכַּחוּ דִּי קִרְיְתָא דָךְ מִן־יוֹמָת עָלְמָא עַל־מַלְכִין מִתְנַשְּׂאָה וּמְרַד וְאֶשְׁתַּדּוּר
מִתְעֲבֶד־בַּהּ; 20 וּמַלְכִין תַּקִּיפִין הֲווֹ עַל־יְרוּשְׁלֶם, וְשַׁלִּיטִין בְּכֹל עֲבַר נַהֲרָה וּמִדָּה,
בְלוֹ, וַהֲלָךְ מִתְיְהֵב לְהוֹן.
21 כְּעַן, שִׂימוּ טְעֵם לְבַטָּלָא גֻּבְרַיָּא אִלֵּךְ, וְקִרְיְתָא דָךְ לָא תִתְבְּנֵא עַד־מִנִּי טַעְמָא
יִתְּשָׂם. 22 וּזְהִירִין הֱווֹ שָׁלוּ לְמֶעְבַּד עַל־דְּנָה, לְמָה יִשְׂגֵּא חֲבָלָא לְהַנְזָקַת מַלְכִין.
23 אֱדַיִן, מִן־דִּי פַּרְשֶׁגֶן נִשְׁתְּוָנָא דִּי אַרְתַּחְשַׁשְׁתְּא מַלְכָּא קֱרִי קֳדָם־רְחוּם וְשִׁמְשַׁי
סָפְרָא וּכְנָוָתְהוֹן, אֲזַלוּ בִבְהִילוּ לִירוּשְׁלֶם עַל־יְהוּדָיֵא וּבַטִּלוּ הִמּוֹ בְּאֶדְרָע וְחָיִל.
24 בֵּאדַיִן בְּטֵלַת עֲבִידַת בֵּית־אֱלָהָא דִּי בִּירוּשְׁלֶם, וַהֲוָת בָּטְלָא עַד שְׁנַת תַּרְתֵּין
לְמַלְכוּת דָּרְיָוֶשׁ מֶלֶךְ־פָּרָס.
5 1 וְהִתְנַבִּי חַגַּי נביאה[a] וּזְכַרְיָה בַר־עִדּוֹא נביאיא[b] עַל־יְהוּדָיֵא דִּי בִיהוּד וּבִירוּשְׁלֶם
בְּשֻׁם אֱלָהּ יִשְׂרָאֵל עֲלֵיהוֹן. 2 בֵּאדַיִן קָמוּ זְרֻבָּבֶל בַּר־שְׁאַלְתִּיאֵל וְיֵשׁוּעַ בַּר־יוֹצָדָק

13 [a]Rd. וְשׁוּרַיהּ || 14 [a]Perh. vocalize מִלְחַנָא "our salt" ||
15 [a]Perh. rd. וּמְרַד or וּמַרְדִין; cf. v. 19 || 16 [a]Vocalize וְשׁוּרַיהּ ||
17 [a]Here means "*this* rescript" || 1 [a]K נְבִיאָה, Q נְבִיָּא || [b]K נְבִיאַיָּא, Q נְבִיַּיָּא ||

וְשָׁרִיו לְמִבְנֵא בֵּית אֱלָהָא דִּי בִירוּשְׁלֶם, וְעִמְּהוֹן נביאיא[a] דִי־אֱלָהָא מְסָעֲדִין לְהוֹן.
3 בֵּהּ־זִמְנָא אֲתָא עֲלֵיהוֹן תַּתְּנַי פַּחַת עֲבַר־נַהֲרָה וּשְׁתַר בּוֹזְנַי וּכְנָוָתְהוֹן וְכֵן אָמְרִין
לְהֹם: "מַן־שָׂם לְכֹם טְעֵם בַּיְתָא דְנָה לִבְּנֵא וְאֻשַּׁרְנָא דְנָה לְשַׁכְלָלָה?" 4 אֱדַיִן כְּנֵמָא
אֲמַרְנָא[a] לְהֹם "[b]מַן־אִנּוּן שְׁמָהָת גֻּבְרַיָּא[b] דִּי־דְנָה בִנְיָנָא בָּנַיִן?" 5 וְעֵין אֱלָהֲהֹם הֲוָת
עַל־שָׂבֵי יְהוּדָיֵא וְלָא־בַטִּלוּ הִמּוֹ עַד־טַעְמָא לְדָרְיָוֶשׁ יְהָךְ, וֶאֱדַיִן יְתִיבוּן נִשְׁתְּוָנָא
עַל־דְּנָה.

6 פַּרְשֶׁגֶן אִגַּרְתָּא דִּי־שְׁלַח תַּתְּנַי פַּחַת עֲבַר־נַהֲרָה וּשְׁתַר בּוֹזְנַי וּכְנָוָתֵהּ אֲפַרְסְכָיֵא דִּי
בַּעֲבַר נַהֲרָה עַל־דָּרְיָוֶשׁ מַלְכָּא – 7 פִּתְגָמָא[a] שְׁלַחוּ עֲלוֹהִי, וְכִדְנָה כְּתִיב בְּגַוֵּהּ:
לְדָרְיָוֶשׁ מַלְכָּא, שְׁלָמָא כֹלָּא!

8 יְדִיעַ לֶהֱוֵא לְמַלְכָּא דִּי־אֲזַלְנָא לִיהוּד מְדִינְתָּא, לְבֵית אֱלָהָא רַבָּא; וְהוּא מִתְבְּנֵא
אֶבֶן גְּלָל, וְאָע מִתְּשָׂם בְּכֻתְלַיָּא, וַעֲבִידְתָּא דָךְ אָסְפַּרְנָא מִתְעַבְדָא וּמַצְלַח בְּיֶדְהֹם.
9 אֱדַיִן שְׁאֵלְנָא לְשָׂבַיָּא אִלֵּךְ, כְּנֵמָא אֲמַרְנָא לְהֹם, "מַן־שָׂם לְכֹם טְעֵם בַּיְתָא דְנָה
לְמִבְנְיָה וְאֻשַּׁרְנָא דְנָה לְשַׁכְלָלָה?" 10 וְאַף שְׁמָהָתְהֹם שְׁאֵלְנָא לְהֹם, לְהוֹדָעוּתָךְ,
דִּי נִכְתֻּב שֻׁם־גֻּבְרַיָּא דִּי בְרָאשֵׁיהֹם. 11 וּכְנֵמָא פִתְגָמָא הֲתִיבוּנָא, לְמֵמַר: "אֲנַחְנָא
הִמּוֹ עַבְדוֹהִי דִי־אֱלָהּ שְׁמַיָּא וְאַרְעָא, וּבָנַיִן בַּיְתָא דִּי־הֲוָא בְנֵה – מִקַּדְמַת דְּנָה – שְׁנִין
שַׂגִּיאָן וּמֶלֶךְ לְיִשְׂרָאֵל רַב בְּנָהִי וְשַׁכְלְלֵהּ. 12 לָהֵן, מִן־דִּי הַרְגִּזוּ אֲבָהָתַנָא לֶאֱלָהּ שְׁמַיָּא
יְהַב הִמּוֹ בְּיַד נְבוּכַדְנֶצַּר מֶלֶךְ־בָּבֶל כסדיא[a], וּבַיְתָה דְנָה סַתְרֵהּ וְעַמָּה הַגְלִי לְבָבֶל.
13 בְּרַם בִּשְׁנַת חֲדָה לְכוֹרֶשׁ מַלְכָּא דִּי בָבֶל, כּוֹרֶשׁ מַלְכָּא שָׂם טְעֵם בֵּית־אֱלָהָא
דְנָה לִבְּנֵא; 14 וְאַף מָאנַיָּא דִי־בֵית־אֱלָהָא, דִּי דַהֲבָה וְכַסְפָּא, דִּי נְבוּכַדְנֶצַּר
הַנְפֵּק מִן־הֵיכְלָא דִּי בִירוּשְׁלֶם וְהֵיבֵל הִמּוֹ לְהֵיכְלָא דִּי בָבֶל – הַנְפֵּק הִמּוֹ כּוֹרֶשׁ
מַלְכָּא מִן־הֵיכְלָא דִּי בָבֶל וִיהִיבוּ לְשֵׁשְׁבַּצַּר שְׁמֵהּ, דִּי פֶחָה שָׂמֵהּ, 15 וַאֲמַר־לֵהּ,
'אלה[a] מָאנַיָּא שֵׂא אֱזֶל־אֲחֵת[b] הִמּוֹ בְּהֵיכְלָא דִּי בִירוּשְׁלֶם, וּבֵית אֱלָהָא יִתְבְּנֵא

2 [a]Cf. 1 [b] ||

4 [a]Rd. אָמְרִין (cf. v. 3) or אֲמַרוּ || [b–b]A blend of two constructions: מַן אִנּוּן גֻּבְרַיָּא — מָה שְׁמָהָת גֻּבְרַיָּא || 7 [a]*this* word (communication), cf. above, 4:17 ||

12 [a]K כַּסְדָּיָא, Q כַּסְדָּאָה || 15 [a]K אֵלֶּה, Q אֵל || [b]Better the variant אַחֵת ||

עַל־אַתְרֵהּ.׳ 16 אֱדַיִן שֵׁשְׁבַּצַּר דֵּךְ אֲתָא, יְהַב אֻשַּׁיָּא דִּי־בֵית אֱלָהָא דִּי בִירוּשְׁלֶם;
וּמִן־אֱדַיִן וְעַד־כְּעַן מִתְבְּנֵא וְלָא שְׁלִם.״

17 וּכְעַן, הֵן עַל־מַלְכָּא טָב, יִתְבַּקַּר בְּבֵית גִּנְזַיָּא דִּי מַלְכָּא תַמָּה, דִּי בְּבָבֶל, הֵן אִיתַי
דִּי־מִן־כּוֹרֶשׁ מַלְכָּא שִׂים טְעֵם לְמִבְנֵא בֵּית־אֱלָהָא דֵךְ בִּירוּשְׁלֶם. וּרְעוּת מַלְכָּא עַל־
דְּנָה יִשְׁלַח עֲלֶינָא.

6 1 בֵּאדַיִן דָּרְיָוֶשׁ מַלְכָּא שָׂם טְעֵם וּבַקַּרוּ בְּבֵית [a]סִפְרַיָּא דִּי גִנְזַיָּא[a] מְהַחֲתִין תַּמָּה בְּבָבֶל.

[b][פתגמא שלח מלכא:

על תתני פחת עבר נהרה שתר בוזני וכנותהון אפרסכיא די בעבר נהרה – שלם!
וכעת, נשתונא די שלחתון עלינא מפרש קרי קדמי. ומני שים טעם ובקרו בבית
גנזיא די ספריא][b] 2 וְהִשְׁתְּכַח בְּאַחְמְתָא, בְּבִירְתָא, דִּי בְּמָדַי מְדִינְתָּה, מְגִלָּה חֲדָה
וְכֵן כְּתִיב בְּגַוַּהּ: ״דִּכְרוֹנָה. 3 בִּשְׁנַת חֲדָה לְכוֹרֶשׁ מַלְכָּא, כּוֹרֶשׁ מַלְכָּא שָׂם טְעֵם:
בֵּית־אֱלָהָא בִירוּשְׁלֶם. בַּיְתָא יִתְבְּנֵא – אֲתַר דִּי־דָבְחִין דִּבְחִין; וְאֻשּׁוֹהִי מְסוֹבְלִין,
רוּמֵהּ אַמִּין[a] שִׁתִּין, פְּתָיֵהּ אַמִּין שִׁתִּין[b] – 4 נִדְבָּכִין דִּי־אֶבֶן גְּלָל תְּלָתָא וְנִדְבָּךְ
דִּי־אָע חֲדַת[a]; וְנִפְקְתָא מִן־בֵּית מַלְכָּא תִּתְיְהִב. 5 וְאַף מָאנֵי בֵית־אֱלָהָא דִּי
דַהֲבָה וְכַסְפָּא, דִּי נְבוּכַדְנֶצַּר הַנְפֵּק מִן־הֵיכְלָא דִי־בִירוּשְׁלֶם וְהֵיבֵל לְבָבֶל,
יַהֲתִיבוּן וִיהָךְ[a] לְהֵיכְלָא דִי־בִירוּשְׁלֶם, לְאַתְרֵהּ, וְתַחֵת[b] בְּבֵית אֱלָהָא.״

6 כְּעַן, תַּתְּנַי פַּחַת עֲבַר־נַהֲרָה שְׁתַר בּוֹזְנַי וּכְנָוָתְהוֹן אֲפַרְסְכָיֵא דִּי בַּעֲבַר נַהֲרָה,
רַחִיקִין הֲווֹ מִן־תַּמָּה. 7 שְׁבֻקוּ לַעֲבִידַת בֵּית־אֱלָהָא דֵךְ פַּחַת[a] יְהוּדָיֵא וּלְשָׂבֵי
יְהוּדָיֵא: בֵּית־אֱלָהָא דֵךְ יִבְנוֹן עַל־אַתְרֵהּ.

8 וּמִנִּי שִׂים טְעֵם לְמָא דִי־תַעַבְדוּן עִם־שָׂבֵי יְהוּדָיֵא אִלֵּךְ: לְמִבְנֵא בֵּית־אֱלָהָא דֵךְ,
וּמִנִּכְסֵי מַלְכָּא דִּי מִדַּת עֲבַר נַהֲרָה אָסְפַּרְנָא נִפְקְתָא תֶּהֱוֵא מִתְיַהֲבָא לְגֻבְרַיָּא אִלֵּךְ

1 [a–a]Rd. גִּנְזַיָּא דִּי סִפְרַיָּא || [b–b]Cf. 4:17–19; cf. below 6–12 ||

3 [a]Perh. insert תְּלָתִין, אָרְכֵּהּ אַמִּין; cf. 1 Ki 6:2 || [b]Perh. rd. עֶשְׂרִין; cf. ibid. ||

4 [a]Rd. with LXX חַד ||

5 [a]Perh. ins. כֹּלָּא (cf. ויהך ... לאתרה) || [b]Prob. rd. וְיִנְּחַת (or וְיֵחֵת) ||

7 [a]Perh. rd. וּלְפַחַת ||

דִּי־לָא לְבַטָּלָא; 9 וּמָה חַשְׁחָן – וּבְנֵי תוֹרִין וְדִכְרִין וְאִמְּרִין לַעֲלָוָן לֶאֱלָהּ שְׁמַיָּא;
חִנְטִין, מְלַח, חֲמַר, וּמְשַׁח – כְּמֵאמַר כָּהֲנַיָּא דִי־בִירוּשְׁלֶם לֶהֱוֵא מִתְיְהֵב לְהֹם יוֹם
בְּיוֹם דִּי־לָא שָׁלוּ; 10 דִּי־לֶהֱוֺן מְהַקְרְבִין נִיחוֹחִין לֶאֱלָהּ שְׁמַיָּא וּמְצַלַּיִן לְחַיֵּי
מַלְכָּא וּבְנוֹהִי.

11 וּמִנִּי שִׂים טְעֵם דִּי כָל־אֱנָשׁ דִּי יְהַשְׁנֵא פִּתְגָמָא דְנָה, יִתְנְסַח אָע מִן־בַּיְתֵהּ, וּזְקִיף
יִתְמְחֵא עֲלֹהִי, וּבַיְתֵהּ נְוָלוּ יִתְעֲבֵד עַל־דְּנָה; 12 וֵאלָהָא דִּי שַׁכִּן שְׁמֵהּ תַּמָּה יְמַגַּר
כָּל־מֶלֶךְ וְעַם דִּי יִשְׁלַח יְדֵהּ לְהַשְׁנָיָה, לְחַבָּלָה בֵּית־אֱלָהָא דֵךְ דִּי בִירוּשְׁלֶם.
אֲנָה דָרְיָוֶשׁ שָׂמֶת טְעֵם: אָסְפַּרְנָא יִתְעֲבִד.

13 אֱדַיִן תַּתְּנַי פַּחַת עֲבַר־נַהֲרָה, שְׁתַר בּוֹזְנַי, וּכְנָוָתְהוֹן לָקֳבֵל דִּי־שְׁלַח דָּרְיָוֶשׁ מַלְכָּא
כְּנֵמָא אָסְפַּרְנָא עֲבַדוּ. 14 וְשָׂבֵי יְהוּדָיֵא בָּנַיִן וּמַצְלְחִין בִּנְבוּאַת חַגַּי נביאה[a]
וּזְכַרְיָה בַּר־עִדּוֹא, וּבְנוֹ וְשַׁכְלִלוּ מִן־טַעַם אֱלָהּ יִשְׂרָאֵל וּמִטְּעֵם כּוֹרֶשׁ וְדָרְיָוֶשׁ
וְאַרְתַּחְשַׁשְׂתְּא מֶלֶךְ פָּרָס. 15 ושיציא[a] בַּיְתָה דְנָה עַד יוֹם תְּלָתָה לִירַח אֲדָר
דִּי־הִיא שְׁנַת־שֵׁת לְמַלְכוּת דָּרְיָוֶשׁ מַלְכָּא.

16 וַעֲבַדוּ בְנֵי־יִשְׂרָאֵל, כָּהֲנַיָּא, וְלֵוָיֵא[a], וּשְׁאָר בְּנֵי־גָלוּתָא חֲנֻכַּת בֵּית־אֱלָהָא דְנָה
בְּחֶדְוָה. 17 וְהַקְרִבוּ לַחֲנֻכַּת בֵּית־אֱלָהָא דְנָה תּוֹרִין מְאָה, דִּכְרִין מָאתַיִן, אִמְּרִין
אַרְבַּע מְאָה, וּצְפִירֵי עִזִּין לְחַטָּיא[a] עַל־כָּל־יִשְׂרָאֵל תְּרֵי־עֲשַׂר לְמִנְיָן שִׁבְטֵי
יִשְׂרָאֵל. 18 וַהֲקִימוּ כָהֲנַיָּא בִּפְלֻגָּתְהוֹן וְלֵוָיֵא[a] בְּמַחְלְקָתְהוֹן עַל־עֲבִידַת אֱלָהָא
דִּי בִירוּשְׁלֶם כִּכְתָב סְפַר מֹשֶׁה.

4. Ezra 7:12–26

Letters Patent from Artaxerxes to Ezra

12 אַרְתַּחְשַׁסְתְּא מֶלֶךְ מַלְכַיָּא לְעֶזְרָא כָהֲנָא, סָפַר דָּתָא דִּי־אֱלָהּ שְׁמַיָּא[a], גְּמִיר!
וּכְעֶנֶת, 13 מִנִּי שִׂים טְעֵם דִּי כָל־מִתְנַדַּב בְּמַלְכוּתִי מִן־עַמָּה יִשְׂרָאֵל וְכָהֲנוֹהִי

14 [a]K נְבִיאָה, Q נְבִיָּה ||

15 [a]Q וְשֵׁיצִי, prob. rd. וְשֵׁיצִיו with some of the Versions ||

16 [a]Most mss. and edd. prescribe Q וְלֵוָאֵי || 17 [a]K ־יָא Q ־אָה ||

18 [a]See on 16 || 12 [a]Perh. ins. שְׁלָם; cf. 5:7 ||

וְלֵוָיֵא[a] לִמְהָךְ לִירוּשְׁלֶם עִמָּךְ, יְהָךְ – 14 כָּל־קֳבֵל דִּי מִן־קֳדָם מַלְכָּא וְשִׁבְעַת
יָעֲטֹהִי שְׁלִיחַ[a] לְבַקָּרָא עַל־יְהוּד וְלִירוּשְׁלֶם, בְּדָת אֱלָהָךְ דִּי בִידָךְ, 15 וּלְהֵיבָלָה
כְּסַף וּדְהַב דִּי מַלְכָּא וְיָעֲטוֹהִי הִתְנַדַּבוּ לֶאֱלָהּ יִשְׂרָאֵל דִּי בִירוּשְׁלֶם מִשְׁכְּנֵהּ 16 וְכֹל
כְּסַף וּדְהַב דִּי תְהַשְׁכַּח בְּכֹל מְדִינַת בָּבֶל עִם הִתְנַדָּבוּת עַמָּא וְכָהֲנַיָּא[a] מִתְנַדְּבִין
לְבֵית אֱלָהֲהֹם דִּי בִירוּשְׁלֶם.

17 כָּל־קֳבֵל דְּנָה, אָסְפַּרְנָא תִקְנֵא בְּכַסְפָּא דְנָה תּוֹרִין, דִּכְרִין, אִמְּרִין, וּמִנְחָתְהוֹן
וְנִסְכֵּיהוֹן וּתְקָרֵב הִמּוֹ עַל־מַדְבְּחָה דִּי בֵּית אֱלָהֲכֹם דִּי בִירוּשְׁלֶם. 18 וּמָה דִי עֲלָיךְ
וְעַל־אֶחָיךְ יֵיטַב בִּשְׁאָר כַּסְפָּא וְדַהֲבָה לְמֶעְבַּד, כִּרְעוּת אֱלָהֲכֹם תַּעַבְדוּן. 19 וּמָאנַיָּא
דִּי־מִתְיַהֲבִין לָךְ לְפָלְחָן בֵּית אֱלָהָךְ הַשְׁלֵם קֳדָם אֱלָהּ יְרוּשְׁלֶם.

20 וּשְׁאָר חַשְׁחוּת בֵּית אֱלָהָךְ דִּי יִפֶּל־לָךְ לְמִנְתַּן תִּנְתֵּן מִן־בֵּית גִּנְזֵי מַלְכָּא. 21 וּמִנִּי,
אֲנָה אַרְתַּחְשַׁסְתְּא מַלְכָּא, שִׂים טְעֵם לְכֹל גִּזַּבְרַיָּא דִּי בַּעֲבַר נַהֲרָה: דִּי ״כָל־דִּי
יִשְׁאֲלֶנְכוֹן עֶזְרָא כָהֲנָה סָפַר דָּתָא דִּי־אֱלָהּ שְׁמַיָּא אָסְפַּרְנָא יִתְעֲבִד – 22 עַד־כְּסַף
כַּכְּרִין מְאָה, וְעַד־חִנְטִין כֹּרִין מְאָה, וְעַד־חֲמַר בַּתִּין מְאָה, וְעַד־[a]בַּתִּין מְשַׁח[a]
מְאָה, וּמְלַח דִּי־לָא כְתָב. 23 כָּל־דִּי מִן־טַעַם אֱלָהּ שְׁמַיָּא, יִתְעֲבֵד אַדְרַזְדָּא
לְבֵית אֱלָהּ שְׁמַיָּא, דִּי־לְמָה לֶהֱוֵא קְצַף עַל־מַלְכוּת מַלְכָּא וּבְנוֹהִי. 24 וּלְכֹם
מְהוֹדְעִין דִּי כָל־כָּהֲנַיָּא וְלֵוָיֵא[a], זַמָּרַיָּא, תָרָעַיָּא, נְתִינַיָּא וּפָלְחֵי בֵּית אֱלָהָא דְנָה
מִנְדָּה בְלוֹ וַהֲלָךְ לָא שַׁלִּיט לְמִרְמֵא עֲלֵיהֹם.״

25 וְאַנְתְּ, עֶזְרָא, כְּחָכְמַת אֱלָהָךְ דִּי־בִידָךְ [a]מֶנִּי שָׁפְטִין וְדַיָּנִין[a], דִּי־לֶהֱוֺן דאנין[b]
לְכָל־עַמָּה דִּי בַּעֲבַר נַהֲרָה, לְכָל־[c]יָדְעֵי דָּתֵי אֱלָהָךְ; וְדִי לָא יָדַע תְּהוֹדְעוּן. 26 וְכָל־
דִּי־לָא לֶהֱוֵא עָבֵד דָּתָא דִי־אֱלָהָךְ וְדָתָא דִּי מַלְכָּא, אָסְפַּרְנָא דִּינָה לֶהֱוֵא מִתְעֲבֵד
מִנֵּהּ, הֵן לְמוֹת, הֵן לשרשו[a], הֵן־לַעֲנָשׁ נִכְסִין וְלֶאֱסוּרִין.

13 [a]See on 6:16 || 14 [a]Perh. rd. שְׁלִיחַת || 16 [a]Perh. ins. דִּי ||
22 [a]Rd. מְשַׁח בַּתִּין || 24 [a]See on 6:16 ||
25 [a–a]appoint *as* judges and magistrates || [b]Q דָּיְנִין || [c]Direct object of מֶנִּי ||
26 [a]Rd. with Q לִשְׁרֹשִׁי ||

5. Daniel 2:4b–7:28

a. The Image with the Head of Gold and the Feet of Clay

4 [a]נְבוּכַדְנֶצַּר מַלְכָּא חֵלֶם חֲזָה וַאֲמַר לְכַשְׂדָּיֵא[b], ״הַחֲוֹנִי חֶלְמִי וּפִשְׁרֵהּ.״ עָנַיִן
וְאָמְרִין,][a] ״מַלְכָּא, לְעָלְמִין חֱיִי! אֱמַר חֶלְמָא לְעַבְדָךְ, וּפִשְׁרָא נְחַוֵּא.״ 5 עָנֵה
מַלְכָּא וְאָמַר לְכַשְׂדָּיֵא[a], ״מִלְּתָא מִנִּי אַזְדָּא: הֵן לָא תְהוֹדְעוּנַּנִי חֶלְמָא וּפִשְׁרֵהּ,
הַדָּמִין תִּתְעַבְדוּן וּבָתֵּיכוֹן נְוָלִי יִתְּשָׂמוּן. 6 וְהֵן חֶלְמָא וּפִשְׁרֵהּ תְּהַחֲוֹן, מַתְּנָן וּנְבִזְבָּה
וִיקָר שַׂגִּיא תְּקַבְּלוּן מִן קֳדָמַי – לָהֵן חֶלְמָא וּפִשְׁרֵהּ הַחֲוֹנִי.״ 7 עֲנוֹ תִנְיָנוּת
וְאָמְרִין, ״מַלְכָּא חֶלְמָא יֵאמַר לְעַבְדוֹהִי, וּפִשְׁרָה נְהַחֲוֵה.״ 8 עָנֵה מַלְכָּא וְאָמַר,
״מִן יַצִּיב יָדַע אֲנָה דִּי עִדָּנָא אַנְתּוּן זָבְנִין, כָּל־קֳבֵל דִּי חֲזֵיתוּן דִּי אַזְדָּא מִנִּי
מִלְּתָא 9 דִּי הֵן חֶלְמָא לָא תְהוֹדְעֻנַּנִי חֲדָה הִיא דָתְכוֹן, וּמִלָּה כִדְבָה וּשְׁחִיתָה
הזמנתון[a] לְמֵאמַר קֳדָמַי עַד דִּי עִדָּנָא יִשְׁתַּנֵּא. לָהֵן חֶלְמָא אֱמַרוּ לִי, וְאִנְדַּע דִּי
פִּשְׁרֵהּ תְּהַחֲוֻנַּנִי.״ 10 עֲנוֹ כַשְׂדָּיֵא[a] קֳדָם מַלְכָּא וְאָמְרִין, ״לָא אִיתַי אֱנָשׁ עַל יַבֶּשְׁתָּא
דִּי מִלַּת מַלְכָּא יוּכַל לְהַחֲוָיָה: כָּל־קֳבֵל דִּי כָּל־מֶלֶךְ, רַב, וְשַׁלִּיט מִלָּה כִדְנָה
לָא שְׁאֵל לְכָל־חַרְטֹּם וְאָשַׁף וְכַשְׂדָּי, 11 וּמִלְּתָא דִי מַלְכָּה שָׁאֵל יַקִּירָה[a], וְאָחֳרָן
לָא אִיתַי דִּי יְחַוִּנַּהּ קֳדָם מַלְכָּא לָהֵן אֱלָהִין דִּי מְדָרְהוֹן עִם בִּשְׂרָא לָא אִיתוֹהִי.״
12 כָּל־קֳבֵל דְּנָה מַלְכָּא בְּנַס וּקְצַף שַׂגִּיא וַאֲמַר לְהוֹבָדָה לְכֹל חַכִּימֵי בָבֶל.
13 וְדָתָא נֶפְקַת וְחַכִּימַיָּא מִתְקַטְּלִין, וּבְעוֹ דָּנִיֵּאל וְחַבְרוֹהִי לְהִתְקְטָלָה.
14 בֵּאדַיִן דָּנִיֵּאל הֲתִיב עֵטָא וּטְעֵם לְאַרְיוֹךְ רַב טַבָּחַיָּא דִּי מַלְכָּא דִּי נְפַק לְקַטָּלָה
לְחַכִּימֵי בָּבֶל. 15 עָנֵה וְאָמַר לְאַרְיוֹךְ שַׁלִּיטָא דִי מַלְכָּא, ״עַל מָה דָתָא מְהַחְצְפָה
מִן קֳדָם מַלְכָּא?״ אֱדַיִן מִלְּתָא הוֹדַע אַרְיוֹךְ לְדָנִיֵּאל, 16 וְדָנִיֵּאל [a]עַל וּבְעָה מִן
מַלְכָּא[a] דִּי זְמָן[b] יִנְתֵּן לֵהּ וּ[c]פִשְׁרָא לְהַחֲוָיָה לְמַלְכָּא. 17 אֱדַיִן דָּנִיֵּאל לְבַיְתֵהּ

4 [a–a] After the Hebrew of vv. 1–4a || [b]See 5 [a] || 5 a Q דָּאֵי- ||
9 [a]K הַזְמִנְתּוּן, Q הִזְדְּמִנְתּוּן, many mss. and edd. הִזְדְּמִנְתּוּן || 10 [a]Q דָּאֵי- ||
11 [a]Translate: *too* difficult ||
16 [a–a]Originally prob. only בְּעָה; cf. 24–26 || [b]Better point with var. זְמַן ||
[c]Supply a second verb of speaking: and *promised*, cf. 18[a] ||

אֲזַל וְלַחֲנַנְיָה מִישָׁאֵל וַעֲזַרְיָה חַבְרוֹהִי מִלְּתָא הוֹדַע 18 וְ[a]רַחֲמִין לְמִבְעֵא מִן קֳדָם
אֱלָהּ שְׁמַיָּא עַל רָזָה דְּנָה, דִּי לָא יְהֹבְדוּן[b] דָּנִיֵּאל וְחַבְרוֹהִי עִם שְׁאָר חַכִּימֵי
בָבֶל. 19 אֱדַיִן לְדָנִיֵּאל בְּחֶזְוָא דִי לֵילְיָא רָזָה גֲלִי.

אֱדַיִן דָּנִיֵּאל בָּרִךְ לֶאֱלָהּ שְׁמַיָּא. 20 עָנֵה דָנִיֵּאל וְאָמַר:

לֶהֱוֵא שְׁמֵהּ דִּי אֱלָהָא מְבָרַךְ מִן עָלְמָא וְעַד עָלְמָא! דִּי חָכְמְתָא וּגְבוּרְתָא דִּי
לֵהּ הִיא; 21 וְהוּא מְהַשְׁנֵא עִדָּנַיָּא וְזִמְנַיָּא, מְהַעְדֵּה מַלְכִין וּמְהָקֵים מַלְכִין; יָהֵב
חָכְמְתָא לְחַכִּימִין וּמַנְדְּעָא לְיָדְעֵי בִינָה. 22 הוּא גָּלֵא עַמִּיקָתָא וּמְסַתְּרָתָא; יָדַע
מָה בַחֲשׁוֹכָא, ונהירא[a] עִמֵּהּ שְׁרֵא.

23 לָךְ, אֱלָהּ אֲבָהָתִי, מְהוֹדֵא וּמְשַׁבַּח אֲנָה; דִּי חָכְמְתָא וּגְבוּרְתָא יְהַבְתְּ לִי,
וּכְעַן הוֹדַעְתַּנִי דִּי בְעֵינָא מִנָּךְ: דִּי מִלַּת מַלְכָּא הוֹדַעְתֶּנָא.

24 כָּל־קֳבֵל דְּנָה דָּנִיֵּאל עַל[a] עַל אַרְיוֹךְ, דִּי מַנִּי מַלְכָּא לְהוֹבָדָה לְחַכִּימֵי
בָבֶל, אֲזַל וְכֵן אֲמַר לֵהּ, ''לְחַכִּימֵי בָבֶל אַל תְּהוֹבֵד. הַעֵלְנִי קֳדָם מַלְכָּא, וּפִשְׁרָא
לְמַלְכָּא אֲחַוֵּא.'' 25 אֱדַיִן אַרְיוֹךְ בְּהִתְבְּהָלָה הַנְעֵל לְדָנִיֵּאל קֳדָם מַלְכָּא וְכֵן אֲמַר
לֵהּ, דִּי ''הַשְׁכַּחַת גְּבַר מִן בְּנֵי גָלוּתָא דִּי יְהוּד דִּי פִשְׁרָא לְמַלְכָּא יְהוֹדַע.''

26 עָנֵה מַלְכָּא וְאָמַר לְדָנִיֵּאל, דִּי שְׁמֵהּ בֵּלְטְשַׁאצַּר, ''הַאִיתָיךְ כָּהֵל לְהוֹדָעֻתַנִי
חֶלְמָא דִי חֲזֵית וּפִשְׁרֵהּ?''

27 עָנֵה דָנִיֵּאל קֳדָם מַלְכָּא וְאָמַר, ''רָזָה דִּי מַלְכָּא שָׁאֵל לָא חַכִּימִין, אָשְׁפִין, חַרְטֻמִּין,
גָּזְרִין יָכְלִין לְהַחֲוָיָה לְמַלְכָּא. 28 בְּרַם, אִיתַי אֱלָהּ בִּשְׁמַיָּא גָּלֵא רָזִין, וְהוֹדַע לְמַלְכָּא
נְבוּכַדְנֶצַּר מָה דִּי לֶהֱוֵא בְּאַחֲרִית יוֹמַיָּא. [a]חֶלְמָךְ וְחֶזְוֵי רֵאשָׁךְ עַל מִשְׁכְּבָךְ דְּנָה הוּא.[a]
29 אַנְתְּה, מַלְכָּא, רַעְיוֹנָךְ[a] עַל מִשְׁכְּבָךְ סְלִקוּ מָה דִּי לֶהֱוֵא אַחֲרֵי דְנָה, וְגָלֵא רָזַיָּא
הוֹדְעָךְ מָה דִי לֶהֱוֵא. 30 וַאֲנָה לָא בְחָכְמָה דִּי אִיתַי בִּי מִן כָּל חַיַּיָּא רָזָא דְנָה גֱּלִי
לִי, לָהֵן עַל דִּבְרַת דִּי פִשְׁרָא לְמַלְכָּא יְהוֹדְעוּן וְרַעְיוֹנֵי לִבְבָךְ תִּנְדַּע.

18 [a]Supply a second verb of speaking: and *told them*, cf. 16[c] || [b]Rd. יֵאבְדוּן ||

22 [a]Q וּנְהוֹרָא || 24 [a]Omit ||

28 [a–a]Transpose to precede immediately v. 31 ||

29 [a]For רַעְיוֹנָךְ (ר׳ סְלִקוּ "you began to muse about") ||

31[a] ״אַנְתְּה, מַלְכָּא, חָזֵה הֲוַיְתָ וַאֲלוּ צְלֵם חַד [b]שַׂגִּיא צַלְמָא דִּכֵּן רַב, וְזִיוֵהּ
יַתִּיר[b] קָאֵם לְקָבְלָךְ. [c]וְרֵוֵהּ דְּחִיל. 32 הוּא צַלְמָא רֵאשֵׁהּ דִּי דְהַב טָב, חֲדוֹהִי
וּדְרָעוֹהִי דִּי כְסַף, מְעוֹהִי וְיַרְכָתֵהּ דִּי נְחָשׁ, 33 שָׁקוֹהִי דִּי פַרְזֶל, רַגְלוֹהִי מִנְּהוֹן[a]
דִּי פַרְזֶל וּמִנְּהוֹן[a] דִּי חֲסַף. 34 חָזֵה הֲוַיְתָ עַד דִּי הִתְגְּזֶרֶת אֶבֶן דִּי לָא בִידַיִן וּמְחָת
לְצַלְמָא עַל רַגְלוֹהִי דִּי פַרְזְלָא וְחַסְפָּא וְהַדֵּקֶת הִמּוֹן. 35 בֵּאדַיִן דָּקוּ[a] כַחֲדָה
פַּרְזְלָא, חַסְפָּא, נְחָשָׁא, כַּסְפָּא, וְדַהֲבָה, וַהֲווֹ כְּעוּר מִן אִדְּרֵי קַיִט וּנְשָׂא הִמּוֹן
רוּחָא וְכָל־אֲתַר לָא הִשְׁתְּכַח לְהוֹן. וְאַבְנָא דִּי מְחָת לְצַלְמָא הֲוַת[b] לְטוּר רַב
וּמְלָת כָּל־אַרְעָא.

36 דְּנָה חֶלְמָא, וּפִשְׁרֵהּ נֵאמַר קֳדָם מַלְכָּא.

37 ״אַנְתְּה, מַלְכָּא, מֶלֶךְ מַלְכַיָּא, דִּי אֱלָהּ שְׁמַיָּא מַלְכוּתָא, חִסְנָא, וְתָקְפָּא, וִיקָרָא
יְהַב לָךְ, 38 וּבְכָל־דִּי דארין[a] בְּנֵי אֲנָשָׁא, חֵיוַת בָּרָא, וְעוֹף שְׁמַיָּא יְהַב בִּידָךְ
וְהַשְׁלְטָךְ בְּכָלְּהוֹן – אַנְתְּה הוּא רֵאשָׁה דִּי דַהֲבָא. 39 וּבָתְרָךְ תְּקוּם מַלְכוּ אָחֳרִי
ארעא[a] מִנָּךְ, וּמַלְכוּ תְלִיתָיא[b] (אָחֳרִי, דִּי נְחָשָׁא) דִּי תִשְׁלַט בְּכָל־אַרְעָא: 40 וּמַלְכוּ
רְבִיעָיה[a] תֶּהֱוֵא תַקִּיפָה כְּפַרְזְלָא; כָּל־קֳבֵל דִּי פַרְזְלָא מְהַדֵּק וְחָשֵׁל כֹּלָּא,
וּכְפַרְזְלָא דִּי מְרָעַע[b] כָּל־אִלֵּין תַּדִּק וְתֵרֹעַ. 41 וְדִי חֲזַיְתָה רַגְלַיָּא [וְאֶצְבְּעָתָא][a]
מִנְּהוֹן[b] חֲסַף דִּי פֶחָר וּמִנְּהוֹן[b] פַּרְזֶל, מַלְכוּ פְלִיגָה תֶּהֱוֵה; וּמִן נִצְבְּתָא דִּי פַרְזְלָא
לֶהֱוֵא בַהּ, כָּל־קֳבֵל דִּי חֲזַיְתָה פַּרְזְלָא מְעָרַב בַּחֲסַף טִינָא. [42[a]וְאֶצְבְּעָת רַגְלַיָּא
מִנְּהוֹן[b] פַּרְזֶל וּמִנְּהוֹן[b] חֲסַף – מִן קְצָת מַלְכוּתָא תֶּהֱוֵה תַקִּיפָה וּמִנַּהּ תֶּהֱוֵה
תְבִירָה. 43 די[a] חֲזַיְתָ פַּרְזְלָא מְעָרַב בַּחֲסַף טִינָא – מִתְעָרְבִין לֶהֱוֹן בִּזְרַע אֲנָשָׁא;
וְלָא לֶהֱוֹן דָּבְקִין דְּנָה עִם דְּנָה, הֵא כְדִי פַרְזְלָא לָא מִתְעָרַב עִם חַסְפָּא.]

31 [a]Place 28 [a–a] here ‖ [b–b]Place immediately before וְרֵוֵהּ ‖ [c]See on [b–b] ‖
33 [a]K ־הוֹן, Q ־הֵין ‖ 35 [a]Var., better, דַּקּוּ ‖ [b]Var. הֲוָת ‖
38 [a]K דָּאֲרִין, Q דָּיְרִין ‖ 39 [a]K אַרְעָא, Q אֲרַע ‖ [b]K ־יָא, Q ־אָה ‖
40 [a]K ־יָה, Q ־אָה ‖ [b]Insert כֹּלָּא (haplog.) ‖
41 [a]Added ‖ [b]K ־הוֹן, Q ־הֵין ‖
42 [a]Vv. 42–43 added ‖ [b]K ־הוֹן, Q ־הֵין ‖ 43 [a]K דִּי, Q וְדִי ‖

44 ״וּבְיוֹמֵיהוֹן דִּי מַלְכַיָּא אִנּוּן יְקִים אֱלָהּ שְׁמַיָּא מַלְכוּ דִּי לְעָלְמִין לָא תִתְחַבַּל
וּמַלְכוּתָהּ[a] לְעַם אָחֳרָן לָא תִשְׁתְּבִק; תַּדִּק וְתָסֵיף כָּל־אִלֵּין מַלְכְוָתָא, וְהִיא תְּקוּם
לְעָלְמַיָּא: 45 כָּל־קֳבֵל דִּי חֲזַיְתָ דִּי מִטּוּרָא אִתְגְּזֶרֶת אֶבֶן דִּי לָא בִידַיִן וְהַדֶּקֶת
[a]פַּרְזְלָא, נְחָשָׁא, חַסְפָּא[a], כַּסְפָּא, וְדַהֲבָא.
״אֱלָהּ רַב הוֹדַע לְמַלְכָּא מָה דִּי לֶהֱוֵא אַחֲרֵי דְנָה. וְיַצִּיב חֶלְמָא, וּמְהֵימַן פִּשְׁרֵהּ.״
46 בֵּאדַיִן מַלְכָּא נְבוּכַדְנֶצַּר נְפַל עַל אַנְפּוֹהִי, וּלְדָנִיֵּאל סְגִד, וּמִנְחָה וְנִיחֹחִין
אֲמַר לְנַסָּכָה[a] לֵהּ. 47 עָנֵה מַלְכָּא לְדָנִיֵּאל וְאָמַר, ״מִן קְשֹׁט דִּי אֱלָהֲכוֹן הוּא
אֱלָהּ אֱלָהִין וּמָרֵא מַלְכִין וְגָלֵה רָזִין, דִּי יְכֵלְתָּ לְמִגְלֵא רָזָה דְנָה!״ 48 אֱדַיִן
מַלְכָּא לְדָנִיֵּאל רַבִּי, וּמַתְּנָן רַבְרְבָן שַׂגִּיאָן יְהַב לֵהּ, וְהַשְׁלְטֵהּ עַל כָּל־מְדִינַת
בָּבֶל וְרַב סִגְנִין עַל כָּל־חַכִּימֵי בָבֶל. 49 וְדָנִיֵּאל בְּעָא מִן מַלְכָּא, וּמַנִּי עַל
עֲבִידְתָּא דִּי מְדִינַת בָּבֶל לְשַׁדְרַךְ מֵישַׁךְ וַעֲבֵד נְגוֹ; וְדָנִיֵּאל בִּתְרַע מַלְכָּא.

b. The Three Youths in the Fiery Furnace

3 1 נְבוּכַדְנֶצַּר מַלְכָּא עֲבַד צְלֵם דִּי דְהַב רוּמֵהּ אַמִּין שִׁתִּין פְּתָיֵהּ אַמִּין שִׁת.
אֲקִימֵהּ בְּבִקְעַת דּוּרָא בִּמְדִינַת בָּבֶל. 2 וּנְבוּכַדְנֶצַּר מַלְכָּא שְׁלַח לְמִכְנַשׁ
לַאֲחַשְׁדַּרְפְּנַיָּא סִגְנַיָּא וּפַחֲוָתָא, אֲדַרְגָּזְרַיָּא גְדָבְרַיָּא דְּתָבְרַיָּא תִּפְתָּיֵא וְכֹל שִׁלְטֹנֵי
מְדִינָתָא, לְמֵתֵא לַחֲנֻכַּת צַלְמָא דִּי הֲקֵים נְבוּכַדְנֶצַּר מַלְכָּא. 3 בֵּאדַיִן מִתְכַּנְּשִׁין
אֲחַשְׁדַּרְפְּנַיָּא סִגְנַיָּא וּפַחֲוָתָא, אֲדַרְגָּזְרַיָּא גְּדָבְרַיָּא דְּתָבְרַיָּא תִּפְתָּיֵא וְכֹל שִׁלְטֹנֵי
מְדִינָתָא, לַחֲנֻכַּת צַלְמָא דִּי הֲקֵים נְבוּכַדְנֶצַּר מַלְכָּא, וקאמין[a] לָקֳבֵל צַלְמָא
דִּי הֲקֵים נְבוּכַדְנֶצַּר, 4 וְכָרוֹזָא קָרֵא בְחָיִל: ״לְכוֹן אָמְרִין, עַמְמַיָּא, אֻמַּיָּא,
וְלִשָּׁנַיָּא! 5 בְּעִדָּנָא דִּי תִשְׁמְעוּן קָל קַרְנָא, מַשְׁרוֹקִיתָא, קַיתְרוֹס[a], סַבְּכָא,
פְּסַנְתֵּרִין, סוּמְפֹּנְיָה וְכֹל זְנֵי זְמָרָא, תִּפְּלוּן וְתִסְגְּדוּן לְצֶלֶם דַּהֲבָא דִּי הֲקֵים
נְבוּכַדְנֶצַּר מַלְכָּא. 6 וּמַן דִּי לָא יִפֵּל וְיִסְגֻּד, בַּהּ שַׁעֲתָא יִתְרְמֵא לְגוֹא אַתּוּן

44 [a]Perh. to be vocalized וּמַלְכוּתַהּ || 45 [a]Rd. with LXX, Theod. ח׳ פ׳ נ׳ ||
46 [a]Stress retracted to avoid two successive stressed syllables ||
3 [a]K וְקָאֲמִין, Q וְקָיְמִין || 5 [a]The י is silent; so also vv. 7, 10, 15 ||

נוּרָא יָקִדְתָּא.'' 7 כָּל־קֳבֵל דְּנָה, בֵּהּ זִמְנָא, כְּדִי שָׁמְעִין כָּל־עַמְמַיָּא קָל קַרְנָא,
מַשְׁרוֹקִיתָא, קַיתְרֹס, שַׂבְּכָא, פְּסַנְטֵרִין, וְכֹל זְנֵי זְמָרָא, נָפְלִין כָּל עַמְמַיָּא, אֻמַּיָּא,
וְלִשָּׁנַיָּא סָגְדִין לְצֶלֶם דַּהֲבָא דִּי הֲקֵים נְבוּכַדְנֶצַּר מַלְכָּא.

8 כָּל־קֳבֵל דְּנָה, בֵּהּ זִמְנָא קְרִבוּ גֻּבְרִין כַּשְׂדָּאִין וַאֲכַלוּ קַרְצֵיהוֹן דִּי יְהוּדָיֵא. 9 עֲנוֹ
וְאָמְרִין לִנְבוּכַדְנֶצַּר מַלְכָּא: ''מַלְכָּא לְעָלְמִין חֱיִי! 10 אַנְתְּה, מַלְכָּא, שָׂמְתָּ טְעֵם
דִּי כָל אֱנָשׁ דִּי יִשְׁמַע קָל קַרְנָא, מַשְׁרֹקִיתָא, קַיתְרֹס, שַׂבְּכָא, פְּסַנְתֵּרִין וסיפניה[a]
וְכֹל זְנֵי זְמָרָא יִפֵּל וְיִסְגֻּד לְצֶלֶם דַּהֲבָא, 11 וּמַן דִּי לָא יִפֵּל וְיִסְגֻּד יִתְרְמֵא
לְגוֹא אַתּוּן נוּרָא יָקִדְתָּא. 12 אִיתַי גֻּבְרִין יְהוּדָאִין דִּי מַנִּיתָ יָתְהוֹן עַל עֲבִידַת
מְדִינַת בָּבֶל: שַׁדְרַךְ, מֵישַׁךְ וַעֲבֵד נְגוֹ. גֻּבְרַיָּא אִלֵּךְ לָא שָׂמוּ עֲלָךְ, מַלְכָּא, טְעֵם:
לֵאלָהָךְ לָא פָלְחִין, וּלְצֶלֶם דַּהֲבָא דִּי הֲקֵימְתָּ לָא סָגְדִין.''

13 בֵּאדַיִן נְבוּכַדְנֶצַּר בִּרְגַז וַחֲמָה אֲמַר לְהַיְתָיָה לְשַׁדְרַךְ, מֵישַׁךְ, וַעֲבֵד נְגוֹ. בֵּאדַיִן
גֻּבְרַיָּא אִלֵּךְ הֵיתָיוּ קֳדָם מַלְכָּא. 14 עָנֵה נְבֻכַדְנֶצַּר וְאָמַר לְהוֹן: ''הַצְדָּא,
שַׁדְרַךְ, מֵישַׁךְ, וַעֲבֵד נְגוֹ! לֵאלָהַי לָא אִיתֵיכוֹן פָּלְחִין, וּלְצֶלֶם דַּהֲבָא דִּי הֲקֵימֶת
לָא סָגְדִין! 15 כְּעַן, הֵן אִיתֵיכוֹן עֲתִידִין דִּי בְעִדָּנָא דִּי תִשְׁמְעוּן קָל קַרְנָא,
מַשְׁרוֹקִיתָא, קַיתְרֹס, שַׂבְּכָא, פְּסַנְתֵּרִין, וְסוּמְפֹּנְיָה, וְכֹל זְנֵי זְמָרָא תִּפְּלוּן וְתִסְגְּדוּן
לְצַלְמָא דִי עַבְדֵת – וְהֵן לָא תִסְגְּדוּן, בַּהּ שַׁעֲתָה תִתְרְמוֹן לְגוֹא אַתּוּן נוּרָא
יָקִדְתָּא. וּמַן הוּא אֱלָהּ דִּי יְשֵׁיזְבִנְכוֹן מִן יְדָי?'' 16 עֲנוֹ שַׁדְרַךְ, מֵישַׁךְ, וַעֲבֵד
נְגוֹ וְאָמְרִין [a]לְמַלְכָּא נְבוּכַדְנֶצַּר[a], ''לָא חַשְׁחִין אֲנַחְנָה עַל דְּנָה פִּתְגָם לַהֲתָבוּתָךְ.
17 הֵן אִיתַי אֱלָהָנָא דִּי אֲנַחְנָא פָלְחִין יָכִל לְשֵׁיזָבוּתַנָא – מִן אַתּוּן נוּרָא יָקִדְתָּא
וּמִן יְדָךְ, מַלְכָּא, יְשֵׁיזִב. 18 וְהֵן לָא, יְדִיעַ לֶהֱוֵא לָךְ, מַלְכָּא, דִּי לֵאלָהָךְ
לָא אִיתַנָא[a] פָלְחִין, וּלְצֶלֶם דַּהֲבָא דִּי הֲקֵימְתָּ לָא נִסְגֻּד.''

19 בֵּאדַיִן נְבוּכַדְנֶצַּר הִתְמְלִי חֱמָא וּצְלֵם אַנְפּוֹהִי אשתנו[a] עַל שַׁדְרַךְ, מֵישַׁךְ, וַעֲבֵד נְגוֹ.
עָנֵה וְאָמַר לְמֵזֵא לְאַתּוּנָא חַד שִׁבְעָה עַל דִּי חֲזֵה לְמֵזְיֵהּ. 20 וּלְגֻבְרִין גִּבָּרֵי חַיִל דִּי

10 [a]Q וְסוּפֹּנְיָה (var. וְסוּמְפֹּנְיָה, as in v. 5) ||

16 [a]Probably rd. לִנְבוּכַדְנֶצַּר, ''מַלְכָּא, || 18 [a]Q אִיתַנָא ||

19 [a]Rd. with Q אֶשְׁתַּנִּי ||

בְחַיִלֵהּ אֲמַר לְכַפָּתָה לְשַׁדְרַךְ, מֵישַׁךְ, וַעֲבֵד נְגוֹ לְמִרְמֵא[a] לְאַתּוּן נוּרָא יָקִדְתָּא.
21 בֵּאדַיִן גֻּבְרַיָּא אִלֵּךְ כְּפִתוּ – בְּסַרְבָּלֵיהוֹן, פַּטְּישֵׁיהוֹן[a], וְכַרְבְּלָתְהוֹן, וּלְבוּשֵׁיהוֹן –
וּרְמִיו לְגוֹא אַתּוּן נוּרָא יָקִדְתָּא. 22 כָּל־קֳבֵל דְּנָה, מִן דִּי מִלַּת מַלְכָּא מַחְצְפָה,
וְאַתּוּנָא אֵזֵה יַתִּירָא, גֻּבְרַיָּא אִלֵּךְ דִּי הַסִּקוּ לְשַׁדְרַךְ, מֵישַׁךְ, וַעֲבֵד נְגוֹ קַטִּל הִמּוֹן
שְׁבִיבָא דִּי נוּרָא; 23 וְגֻבְרַיָּא אִלֵּךְ תְּלָתֵּהוֹן – שַׁדְרַךְ, מֵישַׁךְ, וַעֲבֵד נְגוֹ – נְפַלוּ
לְגוֹא אַתּוּן נוּרָא יָקִדְתָּא מְכַפְּתִין. 24 אֱדַיִן נְבוּכַדְנֶצַּר מַלְכָּא תְּוַהּ וְקָם בְּהִתְבְּהָלָה,
עָנֵה וְאָמַר לְהַדָּבְרוֹהִי, "הֲלָא גֻבְרִין תְּלָתָא רְמֵינָא לְגוֹא נוּרָא מְכַפְּתִין?" עָנַיִן
וְאָמְרִין לְמַלְכָּא, "יַצִּיבָא, מַלְכָּא." 25 עָנֵה וְאָמַר, "הָא אֲנָה חָזֵה גֻּבְרִין
אַרְבְּעָה שְׁרַיִן מַהְלְכִין בְּגוֹא נוּרָא, וַחֲבָל לָא אִיתַי בְּהוֹן, וְרֵוֵהּ דִּי רְבִיעָיא[a] דָּמֵה
לְבַר־אֱלָהִין!"

26 בֵּאדַיִן קְרֵב נְבוּכַדְנֶצַּר לִתְרַע אַתּוּן נוּרָא יָקִדְתָּא; עָנֵה וְאָמַר, "שַׁדְרַךְ,
מֵישַׁךְ, וַעֲבֵד נְגוֹ, עַבְדוֹהִי דִּי אֱלָהָא עִלָּיא[a], פֻּקוּ וֶאֱתוֹ!" בֵּאדַיִן נָפְקִין שַׁדְרַךְ,
מֵישַׁךְ, וַעֲבֵד נְגוֹ מִן גּוֹא נוּרָא; 27 וּמִתְכַּנְּשִׁין אֲחַשְׁדַּרְפְּנַיָּא, סִגְנַיָּא, וּפַחֲוָתָא, וְהַדָּבְרֵי
מַלְכָּא, חָזַיִן לְגֻבְרַיָּא אִלֵּךְ, דִּי לָא שְׁלֵט נוּרָא בְּגֶשְׁמְהוֹן, וּשְׂעַר רֵאשְׁהוֹן לָא
הִתְחָרַךְ, וְסַרְבָּלֵיהוֹן לָא שְׁנוֹ, וְרֵיחַ נוּר לָא עֲדָת בְּהוֹן. 28 עָנֵה נְבוּכַדְנֶצַּר וְאָמַר:
"בְּרִיךְ אֱלָהֲהוֹן דִּי שַׁדְרַךְ, מֵישַׁךְ, וַעֲבֵד נְגוֹ; דִּי שְׁלַח מַלְאֲכֵהּ וְשֵׁיזִב לְעַבְדוֹהִי
דִּי הִתְרְחִצוּ עֲלוֹהִי, וּמִלַּת מַלְכָּא שַׁנִּיו, וִיהַבוּ גֶשְׁמְהוֹן דִּי לָא יִפְלְחוּן וְלָא יִסְגְּדוּן
לְכָל־אֱלָהּ לָהֵן לֵאלָהֲהוֹן. 29 וּמִנִּי שִׂים טְעֵם דִּי כָל־עַם, אֻמָּה, וְלִשָּׁן דִּי
יֵאמַר שלה[a] עַל אֱלָהֲהוֹן דִּי שַׁדְרַךְ, מֵישַׁךְ, וַעֲבֵד נְגוֹא הַדָּמִין יִתְעֲבֵד וּבַיְתֵהּ
נְוָלִי יִשְׁתַּוֵּה, כָּל־קֳבֵל דִּי לָא אִיתַי אֱלָהּ אָחֳרָן דִּי יִכֻּל לְהַצָּלָה כִּדְנָה."
30 בֵּאדַיִן מַלְכָּא הַצְלַח לְשַׁדְרַךְ, מֵישַׁךְ, וַעֲבֵד נְגוֹ בִּמְדִינַת בָּבֶל.

c. An Encyclical Letter of Nebuchadnezzar on His Recent Insanity

31 נְבוּכַדְנֶצַּר מַלְכָּא לְכָל־עַמְמַיָּא, אֻמַיָּא, וְלִשָּׁנַיָּא, דִּי דארין[a] בְּכָל־אַרְעָא:
שְׁלָמְכוֹן יִשְׂגֵּא!

20 [a]Rd. וּלְמִרְמֵא || 21 [a]The first י is otiose || 25 [a]K ־יָא, Q ־אָה ||
26 [a]K ־יָא, Q ־אָה || 29 [a]Q שָׁלוּ || 31 [a]K דָאֲרִין, Q דָּיְרִין ||

32 אָתַיָּא וְתִמְהַיָּא דִּי עֲבַד עִמִּי אֱלָהָא עִלָּיא[a] שְׁפַר קָדָמַי לְהַחֲוָיָה.

אָתוֹהִי כְּמָה רַבְרְבִין! וְתִמְהוֹהִי כְּמָה תַקִּיפִין!

מַלְכוּתֵהּ מַלְכוּת עָלַם, וְשָׁלְטָנֵהּ עִם דָּר וְדָר.

4 1 אֲנָה, נְבוּכַדְנֶצַּר, שְׁלֵה הֲוֵית בְּבֵיתִי, וְרַעְנַן בְּהֵיכְלִי. 2 חֵלֶם חֲזֵית וִידַחֲלִנַּנִי,
וְהַרְהֹרִין עַל מִשְׁכְּבִי (וְחֶזְוֵי רֵאשִׁי) יְבַהֲלֻנַּנִי. 3 וּמִנִּי שִׂים טְעֵם לְהַנְעָלָה קָדָמַי
לְכֹל חַכִּימֵי בָבֶל דִּי פְשַׁר חֶלְמָא יְהוֹדְעֻנַּנִי. 4 בֵּאדַיִן עָלִּלִין חַרְטֻמַיָּא, אָשְׁפַיָּא,
כַּשְׂדָּיא[a], וְגָזְרַיָּא; וְחֶלְמָא אָמַר אֲנָה קֳדָמֵיהוֹן, וּפִשְׁרֵהּ לָא מְהוֹדְעִין לִי.

5 וְעַד אָחֳרֵין עַל קָדָמַי דָּנִיֵּאל דִּי שְׁמֵהּ בֵּלְטְשַׁאצַּר, כְּשֻׁם אֱלָהִי, וְדִי רוּחַ
אֱלָהִין קַדִּישִׁין בֵּהּ, וְחֶלְמָא קָדָמוֹהִי אַמְרֵת: 6 ״בֵּלְטְשַׁאצַּר רַב חַרְטֻמַיָּא, דִּי
אֲנָה יִדְעֵת דִּי רוּחַ אֱלָהִין קַדִּישִׁין בָּךְ וְכָל־רָז לָא אָנֵס לָךְ, חֶזְוֵי[a] חֶלְמִי דִי
חֲזֵית וּפִשְׁרֵהּ אֱמַר. 7 וְחֶזְוֵי[a] רֵאשִׁי עַל מִשְׁכְּבִי חָזֵה הֲוֵית וַאֲלוּ אִילָן בְּגוֹא אַרְעָא
וְרוּמֵהּ שַׂגִּיא. 8 רְבָה אִילָנָא וּתְקִף, וְרוּמֵהּ יִמְטֵא לִשְׁמַיָּא וַחֲזוֹתֵהּ לְסוֹף כָּל־
אַרְעָא. 9 עָפְיֵהּ שַׁפִּיר, וְאִנְבֵּהּ שַׂגִּיא, וּמָזוֹן לְכֹלָּא בֵהּ. תְּחֹתוֹהִי תַּטְלֵל חֵיוַת
בָּרָא, וּבְעַנְפוֹהִי ידרון[a] צִפֲּרֵי שְׁמַיָּא, וּמִנֵּהּ יִתְּזִין כָּל בִּשְׂרָא.

10 ״חָזֵה הֲוֵית בְּחֶזְוֵי רֵאשִׁי עַל מִשְׁכְּבִי וַאֲלוּ עִיר וְקַדִּישׁ מִן שְׁמַיָּא נָחִת, 11 קָרֵא
בְחַיִל, וְכֵן אָמַר:

׳גֹּדּוּ אִילָנָא וְקַצִּצוּ עַנְפוֹהִי; אַתַּרוּ עָפְיֵהּ וּבַדַּרוּ אִנְבֵּהּ.

תְּנֻד חֵיוְתָא מִן תַּחְתּוֹהִי וְצִפְּרַיָּא מִן עַנְפוֹהִי.

12 בְּרַם עִקַּר שָׁרְשׁוֹהִי בְּאַרְעָא שְׁבֻקוּ, וּבֶאֱסוּר דִּי פַרְזֶל וּנְחָשׁ, בְּדִתְאָא דִּי
בָרָא. וּבְטַל שְׁמַיָּא יִצְטַבַּע, וְעִם חֵיוְתָא חֲלָקֵהּ בַּעֲשַׂב אַרְעָא. 13 לִבְבֵהּ מִן
אנושא[a] יְשַׁנּוֹן, וּלְבַב חֵיוָה יִתְיְהִב לֵהּ; וְשִׁבְעָה עִדָּנִין יַחְלְפוּן עֲלוֹהִי. 14 בִּגְזֵרַת
עִירִין פִּתְגָמָא, וּמֵאמַר קַדִּישִׁין שְׁאֵלְתָא – עַד דִּבְרַת דִּי יִנְדְּעוּן חַיַּיָּא דִּי שַׁלִּיט
עִלָּיא[a] בְּמַלְכוּת אנושא[b], וּלְמַן דִּי יִצְבֵּא יִתְּנִנַּהּ, וּשְׁפַל אֲנָשִׁים[c] יְקִים עֲלַהּ.׳

32 [a]K ־יָא, Q ־אָה || 4 [a]K ־יֵא, Q ־אֵי ||
6 [a]Rd. חֶזְוֵי (var. of חֶלְמִי) or אַחֲוִיֵה || 7 [a]Perh. rd. בְּחֶזְוֵי, cf. 10 ||
9 [a]K יְדֻרוּן; rd. with Q יְדוּרָן || 13 [a]K אֱנוֹשָׁא, Q אֲנָשָׁא ||
14 [a]K ־יָא, Q ־אָה || [b]K אֱנוֹשָׁא, Q אֲנָשָׁא || [c]Prob. rd. אֲנָשָׁא ||

15 ״דְּנָה חֶלְמָא חֲזֵית אֲנָה מַלְכָּא נְבוּכַדְנֶצַּר; וְאַנְתְּה[a], בֵּלְטְשַׁאצַּר, פִּשְׁרֵא[b]
אֱמַר; כָּל־קֳבֵל דִּי כָּל־חַכִּימֵי מַלְכוּתִי לָא יָכְלִין פִּשְׁרָא לְהוֹדָעֻתַנִי, וְאַנְתְּה[a]
כָּהֵל דִּי רוּחַ אֱלָהִין קַדִּישִׁין בָּךְ.״
16 אֱדַיִן דָּנִיֵּאל – דִּי שְׁמֵהּ בֵּלְטְשַׁאצַּר – אֶשְׁתּוֹמַם כְּשָׁעָה חֲדָה וְרַעְיֹנֹהִי
יְבַהֲלֻנֵּהּ. עָנֵה מַלְכָּא וְאָמַר, ״בֵּלְטְשַׁאצַּר, חֶלְמָא וּפִשְׁרֵא[a] אַל יְבַהֲלָךְ.״
עָנֵה בֵלְטְשַׁאצַּר וְאָמַר, ״מָרִאי, חֶלְמָא לְשָׂנְאָיךְ וּפִשְׁרֵהּ לְעָרָיךְ.
17 ״אִילָנָא דִּי חֲזַיְתָ, דִּי רְבָה וּתְקִף וְרוּמֵהּ יִמְטֵא לִשְׁמַיָּא וַחֲזוֹתֵהּ לְכָל־
אַרְעָא, 18 וְעָפְיֵהּ שַׁפִּיר וְאִנְבֵּהּ שַׂגִּיא וּמָזוֹן לְכֹלָּא בֵהּ, תְּחֹתוֹהִי תְּדוּר חֵיוַת בָּרָא
וּבְעַנְפוֹהִי יִשְׁכְּנָן צִפְּרֵי שְׁמַיָּא – 19 אַנְתְּה[a] הוּא מַלְכָּא, דִּי רְבַית[b] וּתְקֵפְתְּ, וּרְבוּתָךְ
רְבָת וּמְטָת לִשְׁמַיָּא וְשָׁלְטָנָךְ לְסוֹף אַרְעָא. 20 וְדִי חֲזָה מַלְכָּא עִיר וְקַדִּישׁ נָחִת
מִן שְׁמַיָּא וְאָמַר, ׳גֹּדּוּ אִילָנָא וְחַבְּלוּהִי; בְּרַם עִקַּר שָׁרְשׁוֹהִי בְּאַרְעָא שְׁבֻקוּ,
וּבֶאֱסוּר דִּי פַרְזֶל וּנְחָשׁ, בְּדִתְאָא דִּי בָרָא; וּבְטַל שְׁמַיָּא יִצְטַבַּע, וְעִם חֵיוַת
בָּרָא חֲלָקֵהּ, עַד דִּי שִׁבְעָה עִדָּנִין יַחְלְפוּן עֲלוֹהִי׳ – 21 דְּנָה פִשְׁרָא, מַלְכָּא, וּגְזֵרַת
עִלָּיָא[a] הִיא דִּי מְטָת עַל מָרִאי מַלְכָּא: 22 וְלָךְ טָרְדִין מִן אֲנָשָׁא, וְעִם חֵיוַת
בָּרָא לֶהֱוֵה מְדֹרָךְ, וְעִשְׂבָּא כְתוֹרִין לָךְ יְטַעֲמוּן, וּמִטַּל שְׁמַיָּא לָךְ מְצַבְּעִין, וְשִׁבְעָה
עִדָּנִין יַחְלְפוּן עֲלָיךְ, עַד דִּי תִנְדַּע דִּי שַׁלִּיט עִלָּיָא[a] בְּמַלְכוּת אֲנָשָׁא, וּלְמַן דִּי
יִצְבֵּא יִתְּנִנַּהּ. 23 וְדִי אֲמַרוּ לְמִשְׁבַּק עִקַּר שָׁרְשׁוֹהִי דִּי אִילָנָא – מַלְכוּתָךְ לָךְ
קַיָּמָה, מִן דִּי תִנְדַּע דִּי שַׁלִּטִן שְׁמַיָּא. 24 לָהֵן, מַלְכָּא, מִלְכִּי יִשְׁפַּר עֲלָיךְ, וַחֲטָיךְ[a]
בְּצִדְקָה פְרֻק וַעֲוָיָתָךְ בְּמִחַן עֲנָיִן, הֵן תֶּהֱוֵא אַרְכָה לִשְׁלֵוְתָךְ.״
25 כֹּלָּא מְטָא עַל נְבוּכַדְנֶצַּר מַלְכָּא. 26 לִקְצָת יַרְחִין תְּרֵי־עֲשַׂר עַל הֵיכַל
מַלְכוּתָא דִּי בָבֶל מְהַלֵּךְ הֲוָה. 27 עָנֵה מַלְכָּא וְאָמַר, ״הֲלָא דָא הִיא בָּבֶל
רַבְּתָא, דִּי אֲנָה בֱנַיְתַהּ לְבֵית מַלְכוּ בִּתְקַף חִסְנִי וְלִיקָר הַדְרִי!״ 28 עוֹד מִלְּתָא

15 [a] < וְאַנְתָּה* || [b]For פִּשְׁרֵהּ (which some mss. read) || 16 [a]Cf. 15 [b] ||
19 [a]Cf. 15 [a] || [b] < רְבַיְתָ* ||
21[a], 22[a] K ־יָא, Q ־אָה || 24 [a]K ־יָךְ, Q ־אָךְ ||

בְּפֻם מַלְכָּא, קָל מִן שְׁמַיָּא נְפַל, ״לָךְ אָמְרִין, נְבוּכַדְנֶצַּר מַלְכָּא: מַלְכוּתָה
עֲדָת מִנָּךְ, 29 וּמִן אֲנָשָׁא לָךְ טָרְדִין, וְעִם חֵיוַת בָּרָא מְדֹרָךְ. עִשְׂבָּא כְתוֹרִין
לָךְ יְטַעֲמוּן, וְשִׁבְעָה עִדָּנִין יַחְלְפוּן עֲלָיךְ: עַד דִּי תִנְדַּע דִּי שַׁלִּיט עִלָּיאָ[a]
בְּמַלְכוּת אֲנָשָׁא, וּלְמַן דִּי יִצְבֵּא יִתְּנִנַּהּ.״ 30 בַּהּ שַׁעֲתָא מִלְּתָא סָפַת עַל נְבוּכַדְנֶצַּר.
וּמִן אֲנָשָׁא טְרִיד, וְעִשְׂבָּא כְתוֹרִין יֵאכֻל, וּמִטַּל שְׁמַיָּא גִּשְׁמֵהּ יִצְטַבַּע, [a]עַד דִּי
שַׂעְרֵהּ כְּנִשְׁרִין רְבָה וְטִפְרוֹהִי כְצִפְּרִין[a].

31 וְלִקְצָת יוֹמַיָּא אֲנָה, נְבוּכַדְנֶצַּר, עַיְנַי לִשְׁמַיָּא נִטְלֵת, וּמַנְדְּעִי עֲלַי יְתוּב,
וּלְעִלָּיאָ[a] בָּרְכֵת, וּלְחַי עָלְמָא שַׁבְּחֵת וְהַדְּרֵת.

דִּי שָׁלְטָנֵהּ שָׁלְטָן עָלַם וּמַלְכוּתֵהּ עִם דָּר וְדָר,

32 וְכָל דארי[a] אַרְעָא כְּלָה חֲשִׁיבִין. וּכְמִצְבְּיֵהּ עָבֵד בְּחֵיל שְׁמַיָּא ודארי[b] אַרְעָא,

וְלָא אִיתַי דִּי יְמַחֵא בִידֵהּ וְיֵאמַר לֵהּ ״מָה עֲבַדְתְּ?״

33 בֵּהּ זִמְנָא מַנְדְּעִי יְתוּב עֲלַי, וְלִיקַר מַלְכוּתִי הַדְרִי[a], וְזִוִי יְתוּב עֲלַי. וְלִי
הַדָּבְרַי וְרַבְרְבָנַי יְבַעוֹן, וְעַל מַלְכוּתִי הָתְקְנַת[b]. וּרְבוּ יַתִּירָה הוּסְפַת לִי.

34 כְּעַן אֲנָה, נְבוּכַדְנֶצַּר, מְשַׁבַּח וּמְרוֹמֵם וּמְהַדַּר לְמֶלֶךְ שְׁמַיָּא,

דִּי כָל־מַעֲבָדוֹהִי קְשֹׁט וְאֹרְחָתֵהּ דִּין,

וְדִי מַהְלְכִין בְּגֵוָה יָכִל לְהַשְׁפָּלָה.

d. The Writing on the Wall

5 1 בֵּלְשַׁאצַּר מַלְכָּא עֲבַד לְחֶם[a] רַב לְרַבְרְבָנוֹהִי אֲלַף, וְלָקֳבֵל אַלְפָּא חַמְרָא שָׁתֵה.
2 בֵּלְשַׁאצַּר אֲמַר בִּטְעֵם חַמְרָא לְהַיְתָיָה לְמָאנֵי דַהֲבָא וְכַסְפָּא דִּי הַנְפֵּק נְבוּכַדְנֶצַּר
אֲבוּהִי מִן הֵיכְלָא דִּי בִירוּשְׁלֶם, וְיִשְׁתּוֹן בְּהוֹן מַלְכָּא וְרַבְרְבָנוֹהִי, שֵׁגְלָתֵהּ
וּלְחֵנָתֵהּ. 3 בֵּאדַיִן הַיְתִיו[a] מָאנֵי דַהֲבָא דִּי הַנְפִּקוּ[b] מִן הֵיכְלָא דִּי בֵית אֱלָהָא

29 [a]K ־יָא, Q ־אָה || 30 [a–a]Rd. עד די שערה כִּצְפְּרִין רבה וטפרוהי כְּנשרין ||
32 [a], [b]K וְדָאֲרֵי, דָּאֲרֵי, Q וְדָיְרֵי, דָּיְרֵי ||
33 [a]Rd. הַדְרֵת (Theod., Vulg., Rashi) || [b]Rd., with variant, הָתְקְנֵת ||
1 [a]Var. לְחֵם || 3 [a]Rd. הֵיתַיו || [b]Rd. הָנְפַּקוּ ||

דִּי בִירוּשְׁלֶם, וְאִשְׁתִּיו בְּהוֹן מַלְכָּא וְרַבְרְבָנוֹהִי, שֵׁגְלָתֵהּ וּלְחֵנָתֵהּ. 4 אִשְׁתִּיו
חַמְרָא וְשַׁבַּחוּ לֵאלָהֵי דַּהֲבָא וְכַסְפָּא, נְחָשָׁא פַרְזְלָא אָעָא וְאַבְנָא. 5 בַּהּ שַׁעֲתָה
נפקו[a] אֶצְבְּעָן דִּי יַד אֱנָשׁ וְכָתְבָן לָקֳבֵל נֶבְרַשְׁתָּא עַל גִּירָא דִּי כְתַל הֵיכְלָא
דִּי מַלְכָּא, וּמַלְכָּא חָזֵה פַּס יְדָה דִּי כָתְבָה. 6 אֱדַיִן מַלְכָּא זִיוֺהִי שְׁנוֹהִי, וְרַעְיֹנֹהִי
יְבַהֲלוּנֵּהּ, וְקִטְרֵי חַרְצֵהּ מִשְׁתָּרַיִן, וְאַרְכֻבָּתֵהּ דָּא לְדָא נָקְשָׁן. 7 קָרֵא מַלְכָּא
בְּחַיִל לְהֶעָלָה לְאָשְׁפַיָּא, כַּשְׂדָּיא[a], וְגָזְרַיָּא. עָנֵה מַלְכָּא וְאָמַר לְחַכִּימֵי בָבֶל דִּי,
"כָל־אֱנָשׁ דִּי יִקְרֵה כְּתָבָה דְנָה וּפִשְׁרֵהּ יְחַוִּנַּנִי אַרְגְּוָנָא יִלְבַּשׁ, והמונכא[b] דִּי
דַהֲבָא עַל צַוְּארֵהּ, וְתַלְתִּי בְמַלְכוּתָא יִשְׁלַט. 8 אֱדַיִן עָלְלִין[a] כֹּל חַכִּימֵי מַלְכָּא,
וְלָא כָהֲלִין כְּתָבָא לְמִקְרֵא וּפִשְׁרֵא[b] לְהוֹדָעָה לְמַלְכָּא. 9 אֱדַיִן מַלְכָּא בֵלְשַׁאצַּר
שַׂגִּיא מִתְבָּהַל וְזִיוֺהִי שָׁנַיִן עֲלוֹהִי וְרַבְרְבָנוֹהִי מִשְׁתַּבְּשִׁין.

10 מַלְכְּתָא לָקֳבֵל מִלֵּי מַלְכָּא וְרַבְרְבָנוֹהִי לְבֵית מִשְׁתְּיָא עללת[a]. עֲנָת מַלְכְּתָא
וַאֲמֶרֶת, "מַלְכָּא, לְעָלְמִין חֱיִי! אַל יְבַהֲלוּךְ רַעְיוֹנָךְ[b], וְזִיוָיךְ אַל יִשְׁתַּנּוֹ. 11 אִיתַי
גְּבַר בְּמַלְכוּתָךְ דִּי רוּחַ אֱלָהִין קַדִּישִׁין בֵּהּ; וּבְיוֹמֵי אֲבוּךְ נַהִירוּ וְשָׂכְלְתָנוּ וְחָכְמָה
כְּחָכְמַת אֱלָהִין הִשְׁתְּכַחַת בֵּהּ, וּמַלְכָּא נְבֻכַדְנֶצַּר אֲבוּךְ – רַב חַרְטֻמִּין, אָשְׁפִין,
כַּשְׂדָּאִין, גָּזְרִין הֲקִימֵהּ אֲבוּךְ מַלְכָּא; 12 כָּל־קֳבֵל דִּי רוּחַ יַתִּירָה, וּמַנְדַּע,
וְשָׂכְלְתָנוּ – מְפַשַּׁר[a] חֶלְמִין, וְאַחֲוָיַת אֲחִידָן, וּמְשָׁרֵא[a] קִטְרִין – הִשְׁתְּכַחַת בֵּהּ,
בְּדָנִיֵּאל, דִּי מַלְכָּא שָׂם שְׁמֵהּ בֵּלְטְשַׁאצַּר. כְּעַן, דָּנִיֵּאל יִתְקְרֵי וּפִשְׁרָה יְהַחֲוֵה."

13 בֵּאדַיִן דָּנִיֵּאל הֻעַל קֳדָם מַלְכָּא. עָנֵה מַלְכָּא וְאָמַר לְדָנִיֵּאל, "אַנְתְּה[a]
הוּא דָנִיֵּאל דִּי מִן בְּנֵי גָלוּתָא דִּי יְהוּד דִּי הַיְתִי מַלְכָּא אַבִי מִן יְהוּד, 14 וְשִׁמְעֵת
עֲלָיךְ דִּי רוּחַ אֱלָהִין בָּךְ וְנַהִירוּ וְשָׂכְלְתָנוּ וְחָכְמָה יַתִּירָה הִשְׁתְּכַחַת בָּךְ. 15 וּכְעַן
הֻעַלּוּ קָדָמַי חַכִּימַיָּא אָשְׁפַיָּא דִּי כְתָבָה דְנָה יִקְרוֹן וּפִשְׁרֵהּ לְהוֹדָעֻתַנִי, וְלָא

5 [a]K נְפַקוּ, Q נְפַקָה (perh. rd. *נְפַקִי) ||
7 [a]K ־יֵא, Q ־אֵי || [b]Q הַמְנִיכָא (K < *הַמְיָנְכָא) ||
8 [a]Second ל silent (< עָלְלִין) || [b]Cf. 4:15[b] ||
10 [a]Rd. with Q עַלַּת|| [b]For רַעְיוֹנָיךְ; cf. 2:29 ||
12 [a]Rd. מְפַשַּׁר and וּמְשָׁרֵא || 13 [a]< *אַנְתָּה ||

כָהֲלִין פְּשַׁר מִלְּתָא לְהַחֲוָיָה. 16 וַאֲנָה שִׁמְעֵת עֲלָיךְ דִּי תוכל[a] פִּשְׁרִין לְמִפְשַׁר
וְקִטְרִין לְמִשְׁרֵא; כְּעַן, הֵן תוכל[a] כְּתָבָא לְמִקְרֵא וּפִשְׁרֵהּ לְהוֹדָעֻתַנִי, אַרְגְּוָנָא
תִלְבַּשׁ והמונכא[b] דִּי דַהֲבָא עַל צַוְּארָךְ, וְתַלְתָּא בְמַלְכוּתָא תִּשְׁלַט.‘‘
17 בֵּאדַיִן עָנֵה דָנִיֵּאל וְאָמַר קֳדָם מַלְכָּא: ’’מַתְּנָתָךְ לָךְ לֶהֶוְיָן, וּנְבָזְבְּיָתָךְ
לְאָחֳרָן הַב. בְּרַם כְּתָבָא אֶקְרֵא לְמַלְכָּא, וּפִשְׁרָא אֲהוֹדְעִנֵּהּ.
18 אַנְתְּה, מַלְכָּא, אֱלָהָא עִלָּיא[a] מַלְכוּתָא וּרְבוּתָא וִיקָרָא וְהַדְרָה יְהַב לִנְבֻכַדְנֶצַּר
אֲבוּךְ: 19 וּמִן רְבוּתָא דִּי יְהַב לֵהּ כֹּל עַמְמַיָּא אֻמַיָּא וְלִשָּׁנַיָּא הֲווֹ זאעין[a]
וְדָחֲלִין מִן קֳדָמוֹהִי: דִּי הֲוָה צָבֵא הֲוָא קָטֵל וְדִי הֲוָה צָבֵא הֲוָה מַחֵא, וְדִי
הֲוָה צָבֵא הֲוָה מָרִים וְדִי הֲוָה צָבֵא הֲוָה מַשְׁפִּיל. 20 וּכְדִי רִם לִבְבֵהּ, וְרוּחֵהּ
תִּקְפַת לַהֲזָדָה, הָנְחַת מִן כָּרְסֵא מַלְכוּתֵהּ וִיקָרָה הֶעְדִּיו[a] מִנֵּהּ. 21 וּמִן בְּנֵי
אֲנָשָׁא טְרִיד, וְלִבְבֵהּ עִם חֵיוְתָא שוי[a] וְעִם עֲרָדַיָּא מְדוֹרֵהּ; עִשְׂבָּא כְתוֹרִין
יְטַעֲמוּנֵּהּ, וּמִטַּל שְׁמַיָּא גִּשְׁמֵהּ יִצְטַבַּע. עַד דִּי יְדַע דִּי שַׁלִּיט אֱלָהָא עִלָּיא[b]
בְּמַלְכוּת אֲנָשָׁא, וּלְמַן דִּי יִצְבֵּא יְהָקֵים עֲלַיהּ. 22 וְאַנְתְּה, בְּרֵהּ בֵּלְשַׁאצַּר, לָא
הַשְׁפֵּלְתְּ לִבְבָךְ כָּל־קֳבֵל דִּי כָל־דְּנָה יְדַעְתְּ. 23 וְעַל מָרֵא שְׁמַיָּא הִתְרוֹמַמְתָּ,
וּלְמָאנַיָּא דִּי בַיְתֵהּ הַיְתִיו קָדָמָיךְ, וְאַנְתְּה וְרַבְרְבָנָיךְ, שֵׁגְלָתָךְ, וּלְחֵנָתָךְ חַמְרָא
שָׁתַיִן בְּהוֹן. וְלֵאלָהֵי כַסְפָּא וְדַהֲבָא, נְחָשָׁא פַרְזְלָא אָעָא וְאַבְנָא, דִּי לָא
חָזַיִן וְלָא שָׁמְעִין וְלָא יָדְעִין, שַׁבַּחְתָּ, וְלֵאלָהָא דִּי נִשְׁמְתָךְ בִּידֵהּ וְכָל־אֹרְחָתָךְ
לֵהּ לָא הַדַּרְתָּ. 24 בֵּאדַיִן מִן קֳדָמוֹהִי שְׁלִיחַ פַּסָּא דִי יְדָא וּכְתָבָא דְנָה
רְשִׁים. 25 וּדְנָה כְתָבָא דִּי רְשִׁים: מְנֵא מְנֵא תְּקֵל וּפַרְסִין[a]. 26 דְּנָה פְּשַׁר מִלְּתָא:
מְנֵא[a] – מְנָה אֱלָהָא מַלְכוּתָךְ וְהַשְׁלְמַהּ.
27 תְּקֵל – תְּקִילְתָּה בְמֹאזַנְיָא וְהִשְׁתְּכַחַתְּ חַסִּיר.
28 פְּרֵס[a] – פְּרִיסַת מַלְכוּתָךְ וִיהִיבַת לְמָדַי וּפָרָס.‘‘

16 [a]K תוּכַל, Q תִּכֻּל || [b]Q וְהַמְנִיכָא (K < *וְהַמְיָנְכָא) || 18 [a]K ־יָא, Q ־אָה ||
19 [a]K זָאֲעִין, Q זָיְעִין || 20 [a]Var. הֶעְדִּיו ||
21 [a]Rd. with Q שַׁוִּיו || [b]K ־יָא, Q ־אָה || 25 [a]Perh. rd. וּפַרְסַיִן ||
26 [a]Perh. insert מְנֵא || 28 [a]Perh. insert פְּרֵס ||

29 בֵּאדַ֫יִן אֲמַר בֵּלְשַׁאצַּר, וְהַלְבִּ֫שׁוּ לְדָנִיֵּאל אַרְגְּוָנָא והמונכא[a] דִּי דַהֲבָא
עַל צַוְּארֵהּ וְהַכְרִ֫זוּ עֲלוֹ֫הִי דִּי לֶהֱוֵא שַׁלִּיט תַּלְתָּא בְּמַלְכוּתָא.
30 בֵּהּ בְּלֵילְיָא קְטִיל בֵּלְאשַׁצַּר מַלְכָּא כַשְׂדָּיא[a], 6 1 וְדָרְיָ֫וֶשׁ מָדָיא[a]
קַבֵּל מַלְכוּתָא כְּבַר שְׁנִין שִׁתִּין וְתַרְתֵּין.

e. Daniel in the Den of Lions

2 שְׁפַר קֳדָם דָּרְיָ֫וֶשׁ וַהֲקִים עַל מַלְכוּתָא לַאֲחַשְׁדַּרְפְּנַיָּא מְאָה וְעֶשְׂרִין דִּי
לֶהֱוֺן בְּכָל־מַלְכוּתָא; 3 וְעֵ֫לָּא מִנְּהוֹן סָרְכִין תְּלָתָא, דִּי דָנִיֵּאל חַד מִנְּהוֹן, דִּי
לֶהֱוֺן אֲחַשְׁדַּרְפְּנַיָּא אִלֵּין יָהֲבִין לְהוֹן טַעְמָא וּמַלְכָּא לָא לֶהֱוֵא נָזִק. 4 אֱדַ֫יִן
דָּנִיֵּאל דְּנָה הֲוָא מִתְנַצַּח עַל סָרְכַיָּא וַאֲחַשְׁדַּרְפְּנַיָּא, כָּל־קֳבֵל דִּי ר֫וּחַ יַתִּירָא
בֵּהּ, וּמַלְכָּא עֲשִׁית לַהֲקָמוּתֵהּ עַל כָּל־מַלְכוּתָא. 5 אֱדַ֫יִן סָרְכַיָּא וַאֲחַשְׁדַּרְפְּנַיָּא
הֲווֹ בָעַ֫יִן עִלָּה לְהַשְׁכָּחָה לְדָנִיֵּאל מִצַּד מַלְכוּתָא וְכָל־עִלָּה וּשְׁחִיתָה לָא
יָכְלִין לְהַשְׁכָּחָה, כָּל־קֳבֵל דִּי מְהֵימַן הוּא וְכָל־שָׁלוּ וּשְׁחִיתָה לָא הִשְׁתְּכַ֫חַת
עֲלוֹ֫הִי. 6 אֱדַ֫יִן גֻּבְרַיָּא אִלֵּךְ אָמְרִין דִּי, ״לָא נְהַשְׁכַּח לְדָנִיֵּאל דְּנָה כָּל־עִלָּא
לָהֵן הַשְׁכַּ֫חְנָא עֲלוֹ֫הִי בְּדָת אֱלָהֵהּ.״
7 אֱדַ֫יִן סָרְכַיָּא וַאֲחַשְׁדַּרְפְּנַיָּא אִלֵּן הַרְגִּ֫שׁוּ עַל מַלְכָּא וְכֵן אָמְרִין לֵהּ: ״דָּרְיָ֫וֶשׁ
מַלְכָּא, לְעָלְמִין חֱיִי! 8 אִתְיָעַ֫טוּ כֹּל סָרְכֵי מַלְכוּתָא, סִגְנַיָּא וַאֲחַשְׁדַּרְפְּנַיָּא,
הַדָּבְרַיָּא וּפַחֲוָתָא, לְקַיָּמָה קְיָם מַלְכָּא וּלְתַקָּפָה אֱסָר דִּי כָל־דִּי יִבְעֵה בָעוּ
מִן כָּל־אֱלָהּ וֶאֱנָשׁ עַד יוֹמִין תְּלָתִין לָהֵן מִנָּךְ, מַלְכָּא, יִתְרְמֵא לְגֹב
אַרְיָוָתָא. 9 כְּעַן, מַלְכָּא, תְּקִים אֱסָרָא וְתִרְשֻׁם כְּתָבָא דִּי לָא לְהַשְׁנָיָה, כְּדָת
מָדַי וּפָרַס דִּי לָא תֶעְדֵּא.״ 10 כָּל־קֳבֵל דְּנָה מַלְכָּא דָּרְיָ֫וֶשׁ רְשַׁם כְּתָבָא
וֶאֱסָרָא.
11 וְדָנִיֵּאל, כְּדִי יְדַע דִּי רְשִׁים כְּתָבָא, עַל לְבַיְתֵהּ, וְכַוִּין פְּתִיחָן לֵהּ בְּעִלִּיתֵהּ
נֶ֫גֶד יְרוּשְׁלֶם, וְזִמְנִין תְּלָתָה בְיוֹמָא הוּא[a] בָּרֵךְ עַל בִּרְכ֫וֹהִי וּמְצַלֵּא[b] וּמוֹדֵא קֳדָם

29 [a]Q וְהַמְנִיכָא (K < *וְהַמְיָנְכָא) || 30 [a]K ־יָא, Q ־אָה ||
1 [a]K ־יָא, Q ־אָה || 11 [a]Rd. with var. הֲוָא || [b]Rd. with var. וּמְצַלֵּא ||

אֱלָהֵהּ כָּל־קֳבֵל דִּי הֲוָא עָבֵד מִן קַדְמַת דְּנָה. 12 אֱדַיִן גֻּבְרַיָּא אִלֵּךְ הַרְגִּשׁוּ
וְהַשְׁכַּחוּ לְדָנִיֵּאל בָּעֵא וּמִתְחַנַּן קֳדָם אֱלָהֵהּ. 13 בֵּאדַיִן קְרִיבוּ וְאָמְרִין קֳדָם
מַלְכָּא [a]עַל אֱסָר[a], "מַלְכָּא, הֲלָא אֱסָר רְשַׁמְתָּ דִּי כָל־אֱנָשׁ דִּי יִבְעֵה מִן
כָּל־אֱלָהּ וֶאֱנָשׁ עַד יוֹמִין תְּלָתִין לָהֵן מִנָּךְ, מַלְכָּא, יִתְרְמֵא לְגוֹב אַרְיָוָתָא?"
עָנֵה מַלְכָּא וְאָמַר, "יַצִּיבָא מִלְּתָא, כְּדָת מָדַי וּפָרַס דִּי לָא תֶעְדֵּא." 14 בֵּאדַיִן
עֲנוֹ וְאָמְרִין קֳדָם מַלְכָּא דִּי, "דָנִיֵּאל, דִּי מִן בְּנֵי גָלוּתָא דִּי יְהוּד, לָא שָׂם
עֲלָיךְ, מַלְכָּא, טְעֵם וְעַל אֱסָרָא דִּי רְשַׁמְתָּ, וְזִמְנִין תְּלָתָה בְּיוֹמָא בָּעֵא
בָּעוּתֵהּ."

15 אֱדַיִן מַלְכָּא, כְּדִי מִלְּתָא שְׁמַע, שַׂגִּיא בְּאֵשׁ עֲלוֹהִי, וְעַל דָּנִיֵּאל שָׂם בָּל
לְשֵׁיזָבוּתֵהּ, וְעַד מֶעָלֵי שִׁמְשָׁא הֲוָא מִשְׁתַּדַּר לְהַצָּלוּתֵהּ. 16 בֵּאדַיִן גֻּבְרַיָּא
אִלֵּךְ הַרְגִּשׁוּ עַל מַלְכָּא וְאָמְרִין לְמַלְכָּא, "דַּע, מַלְכָּא, דִּי דָת לְמָדַי וּפָרַס
דִּי כָל־אֱסָר וּקְיָם דִּי מַלְכָּא יְהָקֵים לָא לְהַשְׁנָיָה." 17 בֵּאדַיִן מַלְכָּא אֲמַר
וְהַיְתִיו לְדָנִיֵּאל וּרְמוֹ לְגֻבָּא דִּי אַרְיָוָתָא. עָנֵה מַלְכָּא וְאָמַר לְדָנִיֵּאל, "אֱלָהָךְ
דִּי אַנְתְּה פָּלַח לֵהּ בִּתְדִירָא הוּא יְשֵׁיזְבִנָּךְ." 18 וְהֵיתָיִת אֶבֶן חֲדָה וְשֻׂמַת
עַל פֻּם גֻּבָּא, וְחַתְמַהּ מַלְכָּא בְּעִזְקְתֵהּ וּבְעִזְקָת רַבְרְבָנוֹהִי, דִּי לָא תִשְׁנֵא צְבוּ
בְּדָנִיֵּאל.

19 אֱדַיִן אֲזַל מַלְכָּא לְהֵיכְלֵהּ; וּבָת טְוָת, וְדַחֲוָן לָא הַנְעֵל קָדָמוֹהִי, וְשִׁנְתֵּהּ
נַדַּת עֲלוֹהִי. 20 בֵּאדַיִן מַלְכָּא בִּשְׁפַרְפָּרָא יְקוּם, בְּנָגְהָא, וּבְהִתְבְּהָלָה לְגֻבָּא דִּי
אַרְיָוָתָא אֲזַל. 21 וּכְמִקְרְבֵהּ לְגֻבָּא, לְדָנִיֵּאל בְּקָל עֲצִיב זְעִק. עָנֵה מַלְכָּא
וְאָמַר לְדָנִיֵּאל, "דָּנִיֵּאל, עֲבֵד אֱלָהָא חַיָּא, אֱלָהָךְ דִּי אַנְתְּה פָּלַח לֵהּ
בִּתְדִירָא הֲיִכִל לְשֵׁיזָבוּתָךְ מִן אַרְיָוָתָא?" 22 אֱדַיִן דָּנִיֵּאל עִם מַלְכָּא מַלִּל,
"מַלְכָּא, לְעָלְמִין חֱיִי! 23 אֱלָהִי שְׁלַח מַלְאֲכֵהּ וּסֲגַר פֻּם אַרְיָוָתָא וְלָא חַבְּלוּנִי,
כָּל־קֳבֵל דִּי קָדָמוֹהִי זָכוּ הִשְׁתְּכַחַת לִי וְאַף קֳדָמָיךְ, מַלְכָּא, חֲבוּלָה לָא
עַבְדֵת."

13 [a–a]Omit with LXX, Theod., Syr. ||

24 בֵּאדַ֫יִן מַלְכָּא שַׂגִּיא טְאֵב עֲל֫וֹהִי, וּלְדָנִיֵּאל אֲמַר לְהַנְסָקָה מִן גֻּבָּא.
וְהֻסַּק דָּנִיֵּאל מִן גֻּבָּא, וְכָל־חֲבָל לָא הִשְׁתְּכַח בֵּהּ, דִּי הֵימִן בֵּאלָהֵהּ. 25 וַאֲמַר
מַלְכָּא וְהַיְתִיו[a] גֻּבְרַיָּא אִלֵּךְ דִּי אֲכַ֫לוּ קַרְצ֫וֹהִי דִּי דָנִיֵּאל, וּלְגֹב אַרְיָוָתָא
רְמוֹ[b] אִנּוּן, בְּנֵיהוֹן, וּנְשֵׁיהוֹן. וְלָא מְטוֹ לְאַרְעִית גֻּבָּא עַד דִּי שְׁלִ֫טוּ בְהוֹן
אַרְיָוָתָא וְכָל־גַּרְמֵיהוֹן הַדִּ֫קוּ.

26 בֵּאדַ֫יִן דָּרְיָ֫וֶשׁ מַלְכָּא כְּתַב:

’’לְכָל־עַמְמַיָּא, אֻמַיָּא, וְלִשָּׁנַיָּא דִּי דארין[a] בְּכָל־אַרְעָא: שְׁלָמְכוֹן יִשְׂגֵּא!
27 ’’מִן קֳדָמַי שִׂים טְעֵם דִּי בְּכָל־שָׁלְטָן מַלְכוּתִי לֶהֱוֺן זאעין[a] וְדָחֲלִין
מִן קֳדָם אֱלָהֵהּ דִּי דָנִיֵּאל; דִּי הוּא אֱלָהָא חַיָּא, וְקַיָּם לְעָלְמִין, וּמַלְכוּתֵהּ
דִּי לָא תִתְחַבַּל וְשָׁלְטָנֵהּ עַד סוֹפָא; 28 מְשֵׁיזִב וּמַצִּל, וְעָבֵד אָתִין וְתִמְהִין
בִּשְׁמַיָּא וּבְאַרְעָא. דִּי שֵׁיזִיב לְדָנִיֵּאל מִן יַד אַרְיָוָתָא.‘‘

29 וְדָנִיֵּאל דְּנָה הַצְלַח בְּמַלְכוּת דָּרְיָ֫וֶשׁ וּבְמַלְכוּת כּ֫וֹרֶשׁ פַּרְסָיא[a].

f. The Four Beasts and the Human Being

7 1 בִּשְׁנַת חֲדָה לְבֵלְאשַׁצַּר מֶ֫לֶךְ בָּבֶל דָּנִיֵּאל חֵ֫לֶם חֲזָה, וְחֶזְוֵי רֵאשֵׁהּ עַל
מִשְׁכְּבֵהּ...[a]. בֵּאדַ֫יִן חֶלְמָא כְתַב. רֵאשׁ מִלִּין אֲמַר:

2 (עָנֵה דָנִיֵּאל וְאָמַר:) חָזֵה הֲוֵית בְּחֶזְוִי עִם לֵילְיָא, וַאֲרוּ אַרְבַּע רוּחֵי
שְׁמַיָּא מְגִיחָן לְיַמָּא רַבָּא, 3 וְאַרְבַּע חֵיוָן רַבְרְבָן סָלְקָן מִן יַמָּא שָׁנְיָן דָּא מִן דָּא.
4 קַדְמָיְתָא כְאַרְיֵה וְגַפִּין דִּי נְשַׁר לַהּ[a]. חָזֵה הֲוֵית עַד דִּי מְרִ֫יטוּ[b] גַפַּיהּ
וּנְטִ֫ילַת מִן אַרְעָא. [c]וְעַל רַגְלַ֫יִן כֶּאֱנָשׁ הֳקִימַת[d] וּלְבַב אֱנָשׁ יְהִיב לַהּ.[c]

25 [a]Rd. with var. וְהֵיתַ֫יו || [b]Rd. with Theod., Vulg. רְמִיו ||
26 [a]K דָאֲרִין, Q דָיְרִין || 27 [a]K זָאֲעִין, Q זָיְעִין || 29 [a]K ־ָיא, Q ־ָאָה ||
1 [a]Insert יְבַהֲלוּנֵּהּ or יְדַחֲלוּנֵּהּ, cf. 4:2, 16, 7:15 ||
4 [a]Place here 5[b–b] || [b]Prob. *מְרִ֫יטִי, cf. 5:4[a], 7:8[b],20[a] ||[c–c]Place after 5[a] || [d]Rd. הֳקָמַת (cf. spelling of 5[a]) ||

5 וַאֲרוּ חֵיוָה אָחֳרִי – תִנְיָנָה – דָּמְיָה לְדֹב. וְלִשְׂטַר חַד הֳקִמַת[a], [b]וּתְלָת
עִלְעִין בְּפֻמַּהּ (בֵּין שִׁנַּהּ) וְכֵן אָמְרִין לַהּ, "קוּמִי, אֲכֻלִי בְּשַׂר שַׂגִּיא!"[b]
6 בָּאתַר דְּנָה חָזֵה הֲוֵית וַאֲרוּ אָחֳרִי כִּנְמַר וְלַהּ גַּפִּין אַרְבַּע[a] דִּי עוֹף עַל
גַּבַּהּ. וְאַרְבְּעָה רֵאשִׁין לְחֵיוְתָא. וְשָׁלְטָן יְהִיב לַהּ.
7 בָּאתַר דְּנָה חָזֵה הֲוֵית בְּחֶזְוֵי לֵילְיָא וַאֲרוּ חֵיוָה רְבִיעָיָה[a], דְּחִילָה וְאֵימְתָנִי
וְתַקִּיפָא יַתִּירָא, וְשִׁנַּיִן דִּי פַרְזֶל לַהּ רַבְרְבָן, אָכְלָה וּמַדֱּקָה וּשְׁאָרָא בְּרַגְלַהּ
רָפְסָה וְהִיא מְשַׁנְּיָה מִן כָּל־חֵיוָתָא דִּי קֳדָמַיהּ, וְקַרְנַיִן עֲשַׂר לַהּ. [8 מִשְׂתַּכַּל
הֲוֵית בְּקַרְנַיָּא, וַאֲלוּ קֶרֶן אָחֳרִי זְעֵירָה סִלְקָת[a] בֵּינֵיהוֹן[b], וּתְלָת מִן קַרְנַיָּא
קַדְמָיָתָא אֶתְעֲקַרוּ[c] מִן קֳדָמַהּ. וַאֲלוּ עַיְנִין כְּעַיְנֵי אֲנָשָׁא בְּקַרְנָא דָא וּפֻם
מְמַלִּל רַבְרְבָן.] 9 חָזֵה הֲוֵית

עַד דִּי כָרְסָוָן רְמִיו   וְעַתִּיק יוֹמִין יְתִב;
לְבוּשֵׁהּ כִּתְלַג חִוָּר,   וּשְׂעַר רֵאשֵׁהּ כַּעֲמַר נְקֵא.
כָּרְסְיֵהּ שְׁבִיבִין דִּי נוּר,   גַּלְגִּלּוֹהִי נוּר דָּלִק;
10 נְהַר דִּי נוּר נָגֵד   וְנָפֵק מִן קֳדָמוֹהִי.
אֶלֶף אלפים[a] יְשַׁמְּשׁוּנֵּהּ,   וְרִבּוֹ רבון[b] קָדָמוֹהִי יְקוּמוּן.
דִּינָא יְתִב   וְסִפְרִין פְּתִיחוּ.

11 [a]חָזֵה הֲוֵית[a] בֵּאדַיִן [מִן קָל מִלַּיָּא רַבְרְבָתָא דִּי קַרְנָא מְמַלֱּלָה] [b]חָזֵה הֲוֵית
עַד דִּי[b] קְטִילַת חֵיוְתָא, וְהוּבַד גִּשְׁמַהּ, וִיהִיבַת לִיקֵדַת אֶשָּׁא. 12 וּשְׁאָר חֵיוָתָא
הֶעְדִּיו שָׁלְטָנְהוֹן[a] וְאַרְכָה בְחַיִּין יְהִיבַת[b] לְהוֹן[a] עַד זְמַן וְעִדָּן.

5 [a]Rd. הֲקִימַת (cf. spelling of 4[d]). Place here 4[c–c] || [b–b]Place after 4[a] ||
6 [a]Omit || 7 [a]K ־יָה, Q ־אָה ||
8 [a]Rd. with var. סִלְקַת (this vocalization and that of the participle סָלְקָה — cf. vv. 2b–3 — are combined in סִלְקָת) || [b]K ־הוֹן, Q ־הֵין || [c]K ־רוּ, Q ־רָה (K < ־רִי) ||
10 [a]K אֲלָפִים (Heb.), Q אַלְפִין || [b]K רִבְּוָן, Q רִבְבָן ||
11 [a–a]Omit || [b–b]Omit ||
12 [a]Rd. ־הֵין || [b]See 2:46[a] ||

¹³ חָזֵה הֲוֵית בְּחֶזְוֵי לֵילְיָא וַאֲרוּ עִם עֲנָנֵי שְׁמַיָּא כְּבַר אֱנָשׁ אָתֵה הֲוָה, וְעַד
עַתִּיק יוֹמַיָּא מְטָה וּקְדָמוֹהִי הַקְרְבוּהִי. ¹⁴ וְלֵהּ יְהִיב שָׁלְטָן וִיקָר וּמַלְכוּ, וְכֹל
עַמְמַיָּא, אֻמַיָּא, וְלִשָּׁנַיָּא לֵהּ יִפְלְחוּן. שָׁלְטָנֵהּ שָׁלְטָן עָלַם דִּי לָא יֶעְדֵּה,
וּמַלְכוּתֵהּ דִּי לָא תִתְחַבַּל.

¹⁵ אֶתְכְּרִיַּת רוּחִי, אֲנָה דָנִיֵּאל, בְּגוֹא נִדְנֶה[a], וְחֶזְוֵי רֵאשִׁי יְבַהֲלֻנַּנִי. ¹⁶ קִרְבֵת
עַל חַד מִן קָאֲמַיָּא וְיַצִּיבָא אֶבְעֵא מִנֵּהּ עַל כָּל־דְּנָה. וַאֲמַר לִי, וּפְשַׁר מִלַּיָּא
יְהוֹדְעִנַּנִי: ¹⁷ "אִלֵּין חֵיוָתָא רַבְרְבָתָא, דִּי אִנִּין אַרְבַּע: אַרְבְּעָה מַלְכִין יְקוּמוּן
מִן אַרְעָא; ¹⁸ וִיקַבְּלוּן מַלְכוּתָא קַדִּישֵׁי עֶלְיוֹנִין, וְיַחְסְנוּן מַלְכוּתָא עַד עָלְמָא
וְעַד עָלַם עָלְמַיָּא."

¹⁹ אֱדַיִן צְבִית לְיַצָּבָא עַל חֵיוְתָא רְבִיעָיְתָא דִּי הֲוָת שָׁנְיָה מִן כָּלְּהוֹן[a] –
דְּחִילָה יַתִּירָה, שִׁנַּיהּ דִּי פַרְזֶל וְטִפְרַיהּ דִּי נְחָשׁ, אָכְלָה, מַדֱּקָה, וּשְׁאָרָא
בְּרַגְלַיהּ רָפְסָה – ²⁰ וְעַל קַרְנַיָּא עֲשַׂר דִּי בְרֵאשַׁהּ [וְאָחֳרִי דִּי סִלְקַת וּנְפַלוּ[a]
מִן קֳדָמַיהּ תְּלָת, [b]וְקַרְנָא דִכֵּן[b] וְעַיְנִין לַהּ וּפֻם מְמַלִּל רַבְרְבָן, וְחֶזְוַהּ רַב
מִן חַבְרָתַהּ. – ²¹ חָזֵה הֲוֵית וְקַרְנָא דִכֵּן עָבְדָה קְרָב עִם קַדִּישִׁין וְיָכְלָה
לְהֹן, ²² עַד דִּי אֲתָה עַתִּיק יוֹמַיָּא וְדִינָא[a] יְהִיב לְקַדִּישֵׁי עֶלְיוֹנִין; וְזִמְנָא מְטָה
וּמַלְכוּתָא הֶחֱסִנוּ קַדִּישִׁין.] ²³ כֵּן אֲמַר: "חֵיוְתָא רְבִיעָיְתָא: מַלְכוּ רְבִיעָיָא[a]
תֶּהֱוֵא בְאַרְעָא דִּי תִשְׁנֵא מִן כָּל־מַלְכְוָתָא וְתֵאכֻל כָּל־אַרְעָא וּתְדוּשִׁנַּהּ
וְתַדְּקִנַּהּ. ²⁴ וְקַרְנַיָּא עֲשַׂר: מִנַּהּ מַלְכוּתָא עַשְׂרָה מַלְכִין יְקֻמוּן. [וְאָחֳרָן יְקוּם
אַחֲרֵיהֹן; וְהוּא יִשְׁנֵא מִן קַדְמָיֵא. וּתְלָתָה מַלְכִין יְהַשְׁפִּל; ²⁵ וּמִלִּין לְצַד
עִלָּיָא[a] יְמַלִּל, וּלְקַדִּישֵׁי עֶלְיוֹנִין יְבַלֵּא, וְיִסְבַּר לְהַשְׁנָיָה זִמְנִין וְדָת. וְיִתְיַהֲבוּן

15 [a]Rd. נִדְנַהּ ||
19 [a]K ־הוֹן, Q ־הֵין ||
20 [a]K ־לו, Q ־לָה (K <־לי) || [b–b]Prob. omit (intrusion from v. 21) ||
22 [a]Insert יְתִב, וְשָׁלְטָנָא
23, 25 [a]K ־יָא, Q ־אָה ||

בִּידֵהּ עַד עִדָּן, וְעִדָּנִין וּפְלַג עִדָּן.] 26 וְדִינָא יִתִּב, וְשָׁלְטָנֵהּ[a] יְהַעְדּוֹן, לְהַשְׁמָדָה
וּלְהוֹבָדָה עַד סוֹפָא; 27 וּמַלְכוּתָה וְשָׁלְטָנָא וּרְבוּתָא דִּי מַלְכְוָת תְּחוֹת כָּל־שְׁמַיָּא
יְהִיבַת לְעַם קַדִּישֵׁי עֶלְיוֹנִין: מַלְכוּתֵהּ מַלְכוּת עָלַם, וְכֹל שָׁלְטָנַיָּא לֵהּ יִפְלְחוּן
וְיִשְׁתַּמְּעוּן.״
28 עַד כָּה סוֹפָא דִי מִלְּתָא. אֲנָה דָנִיֵּאל שַׂגִּיא רַעְיוֹנַי יְבַהֲלֻנַּנִי, וְזִיוַי יִשְׁתַּנּוֹן עֲלַי.
וּמִלְּתָא בְּלִבִּי נִטְרֵת.

26 [a]Prior to the interpolation of 24b–25, this word was read וְשָׁלְטָנַהּ, referring to מַלְכוּתָא in 24a ||

IV. Palmyrene — Hatran — Nabataean

(Harald Ingholt)

A) PALMYRENE INSCRIPTIONS

(*CIS* refers to the *Corpus Inscriptionum Semiticarum*, Part II, Vol. II, Fasc. III, in connection with Palmyrene inscriptions, and to Fasc. II in connection with Nabataean inscriptions.
The letter *š* has been transliterated *ś* wherever its use is certain to be an historical spelling.)

1. Honorary Inscription from Wall T, Temple of Bēl

(Date: 44 B.C.—J. Starcky, in *Studi Orientalistici G. Levi Della Vida* [Rome 1956], II, 514—16)

1 *Byrḥ tšry šnt 26²9 ʾqym⟨w⟩ kmryʾ* 3 *dy bl ṣlmʾ dnh lgrymy* 4 *br nbwzbd dy mn pḥd* 5 *bny khnbw*

2. Honorary Inscription from the Barrānīyeh Quarter

(Date: 6 B.C.—J. Cantineau, in *Syria*, XVII [1936], 268—71)

1 *Byrḥ knwn šnt 307 ʾqymw* 2 *kmryʾ dy ḥrtʾ ṣlmʾ dnh* 3 *lʿgylw br ʾydʿn dy mn bny kmrʾ* 4 *dy ʿbd w qrb hw w bnwhy plgwt* 5 *[ʿ]ltʾ dh w mšlʾ w bt nḥryʾ w* 6 *[ʾ]rnʾ lḥrtʾ w lnny w lršp ʾlhyʾ*

3. Honorary Inscription found in situ on Bracket of Column, Temple of Bēl

(Date: 24 A.D.—Cantineau, in *Syria*, XII [1931], 122f.; *idem*, *Inventaire des inscriptions de Palmyre*, IX, 19f.)

1 *B[yr]ḥ knwn šnt 336 ṣlmʾ dnh dy mlkw* 2 *br nšʾ br bwlḥʾ dy mtqrʾ ḥšš dy mn bny* 3 *kmrʾ dy ʾqymw lh t[g]ryʾ klhwn dy bmdynt* 4 *bbl mn dy špr lhwn bkl gns klh w ʿdr bn[yn]ʾ* 5 *dy h[y]klʾ dy bl w yhb mn kysh dy lʾ ʿbdh* 6 *ʾnš bdyl kwt ʾqymw lh ṣlmʾ dnh lyqrh*

4. Honorary Inscription found in the Cella, Temple of Bēl

(Date: 45 A.D.—Cantineau, in *Syria*, XIV [1933], 170—74; *Inventaire*, IX, 6f.)

1 *Byrḥ tšry šnt 357* 2 *ṣlmʾ dnh dy lšmš br tybwl* 3 *br škybl dy mn bny kmrʾ dy* 4 *ḥnk hyklʾ dy bl w yrḥbwl* 5 *w ʿglbwl ʾlhyʾ bqdšwhy* 6 *ywm šttʾ bnysn šnt 343* 7 *dy ʾqymw lh bnwhy lyqrh*

5. Honorary Inscription from the Southern Colonnade, Temple of Bēl

(Date: 108 A.D.—*CIS* 3917; Cantineau, *Inventaire*, IX, 25—27)

1 *Ṣlmʾ dnh dy ʾqyḥ br [nʿ?]ry br ʾqyḥ* 2 *dy ʿbdw lh bny gdybwl bdyl dy ʿbd lhn* 3 *bbʾ w trʿwhy w ʾp ʿbd bʾlgšyʾ ḥmnʾ* 4 *klh hw w ʾtrh w ʾp ṭll ʾdrwnʾ* 5 *klh w špr lhwn bkl ṣbw klh bdyl* 6 *kwt ʿbdw lh ṣlmʾ dnh lyqrh* 7 *byrḥ knwn šnt 420*

6. Preamble of the "Tariff", found south of the Agora

(Date: 137 A.D.—*CIS* 3913 [p. 46]; G. A. Cooke, *A Text-Book of North Semitic Inscriptions* [Oxford 1903], 320f., 332)

1 *Dgmʾ dy bwlʾ byrḥ nysn ywm 18 šnt 448 bplhdrwtʾ dy bwnʾ br* 2 *bwnʾ br ḥyrn w grmṭyʾ dy ʾlksdrs br ʾlksdrs br plpṭr grmṭws dy bwlʾ w dms w ʾrkwnyʾ* 3 *mlkw br ʿlyy br mqymw w zbydʾ br nšʾ kd hwt bwlʾ knyšʾ mn nmwsʾ ʾšrt* 4 *mdy ktyb mn ltḥt bdyl dy bzbnyʾ qdmyʾ bnmwsʾ dy mksʾ ʿbydn śgyn ḥybn* 5 *mksʾ lʾ ʾsqw w hww mtgbyn mn ʿydʾ bmdʿn dy hwʾ mtktb bʾgwryʾ dy* 6 *mksʾ w hwʾ gbʾ hyk bnmwsʾ w bʿydʾ w mṭl kwt zbnyn śgyn ʿl ṣbwtʾ ʾln* 7 *srbnyn hww byny tgrʾ lbyny mksyʾ ʾtḥzy lbwlʾ dy ʿrkwnyʾ ʾln w lʿśrtʾ* 8 *dy ybn[w]n mdʿm dy lʾ msq bnmwsʾ w yktb bšṭr ʾgryʾ ḥdtʾ w yktb lmdʿmʾ* 9 *mdʿmʾ mksh dy mn ʿydʾ w mdy ʾšr lʾgwrʾ w ktb ʿm nmwsʾ qdmyʾ bgllʾ* 10 *dy lqbl hyklʾ dy rbʾsyrʾ w yhwʾ mbṭl lʾrkwnyʾ dy hwn bzbn zbn w ʿśrtʾ* 11 *w sdqyʾ dy lʾ yhwʾ gbʾ ʾgwrʾ mn ʾnš mdʿm ytyr*

7. A Prayer for Remembrance, found near the Spring of Efca

(Date: 162 A.D.—Djaʿfar al-Hassani and J. Starcky, in *Annales Archéol. de la Syrie*, VII [1957], 102—11, pl. IV, 2)

1 *Dkrn ṭb lmrʾ ʿlmʾ qrb bwly br zbydʾ* 2 *br ḥyrn br mqymw mtʾ kdy hwʾ rb ʿyn* 3 *ʿl ʾpkʾ byrḥ tšry šnt 474*

8. Cession of Part of a Tomb

(Date: 178 A. D., exact provenience unknown.—Cantineau, in *Syria*, XIV [1933], 185f.)

1 *Dktʾ dh šḥymtʾ dy* 2 *lgw mn mʿrtʾ rḥqt* 3 *šlmt brt šhymw br* 4 *šhymw lʿzyzw br ʾdʾ br* 5 *rbʾl lh w lbnwhy w bnʾ* 6 *bnwh lʿlmʾ byrḥ tšry* 7 *490*

9. Agreement concerning the Disposition of Burial Niches from the South-West Necropolis, Tomb of Malkū

(Date: 213 A.D.—H. Ingholt, in *Mélanges de l'Université Saint Joseph*, XXXVIII [1962], 100—19, pl. XII, 1)

1 *Byrḥ ʾlwl šnt ḥmš mʾh w ʿśryn w ḥmš* 2 *ywlys ʾwrlys ydyʿbl dy mtqrʾ mzbnʾ br ywlys* 3 *ʾwrlys ʾnynws ʾšʾlt ktb ydy lywlys br ʾwrlys* 4 *ʿgylw br*

ʾprhṭ br ḥry zbdbwl bdyl dy lʾ ydʿ spr [5] *d mwdʾ hw lywlys ʾwrlys ʾgrpʾ br ʾgtpws br* [6] *ḥry hlydwrs yrḥbwlʾ dy lwt lh brbwʿtʾ dy qymʾ* [7] *btr gwmḥyn tltʾ dy ʾgrpʾ mdʿn kl lmṭl dy plg nsb* [8] *mnth plgh rwḥʾ nwyt gmḥwhy tltʾ dy str w lʾ* [9] *yhʾ šlyṭ lh lmrḥ lʿlwh ʿl rbwʿtʾ mdʿn w ʾn ṣbʾ* [10] *dy yʿbd bsṭrʾ dydh ḥwlwh mdʿn yhwʾ bnʾ ʾw* [11] *ktl dy ḥwrʾ ʾw ḥmryn dy yrḥ lʿlyhwn bh* [12] *bšṭrʾ ywlys ʾwrlys nšʾ br brʿth* [13] *śhd ywlys ʾwrlys yrḥbwlʾ br mlkw* [14] *śhd*

10. A Thanksgiving Inscription from Khirbet Farwane, Djebel Shaʿar

(Date: 238—39 A. D.—Ingholt and Starcky, *Recueil des inscriptions sémitiques de la Palmyrène du Nord-Ouest* [Paris 1951], 157f., pl. XXVIII, 5)

[1] *ʿbd w mwdʾ* [2] *ʿbdbl lrḥmnʾ* [3] *ṭbʾ w lgdh dy* [4] *qrytʾ w lgdʾ* [5] *dy gnyʾ šnt* [6] *550*

11. Cession of Part of a Tomb from the South-West Necropolis, Tomb of ʿAbdʿastōr

(Date: 239 A.D.—Ingholt, in *Berytus*, V [1938], 124—33, pl. XLVII, 1)

[1] *ʾksdrʾ smlyʾ mʿlyk* [2] *mʿrtʾ ʿl ymynʾ sṭr mn gwmḥyn trn bryyn ymnyyn* [3] *mqdšyn rḥq ywlyʾ ʾwrlyʾ šlmt brt ʿbdʿstwr br* [4] *yrḥbwlʾ w ʾmdbw brt ḥry lwqys ʾwrlys brsmyʾ* [5] *mpr⟨n⟩snytʾ dy bwnʾ br rbʾl brh lywlyʾ ʾwrlyʾ mlkw* [6] *br ʿgylw br šlmn gwmḥyn tmnyʾ mdnḥyyn mʿlyk ʾksdrʾ* [7] *ʿl ymynʾ w lmʿynʾ brt bwnʾ br bwlḥʾ gwmḥyn mʿrbyyn* [8] *štʾ mʿlyk ʾksdrʾ ʿl smlʾ w mqblyn gwmḥyn tltʾ* [9] *dy plg bnyhwn lhwn w lbnyhwn w lbny bnyhwn lʿlmʾ byrḥ nysn* [10] *šnt 550*

12. Honorary Inscription found in situ on Bracket of Column in the Great Colonnade

(Date: 242—43 A.D.—*CIS* 3932; Cantineau, *Inventaire*, III, 28—31)

[1] *Ṣlm ywlys ʾwrlys zbdlʾ br mlkw br mlkw* [2] *nšwm dy hwʾ ʾsṭrtg lqlnyʾ bmytwytʾ dy* [3] *ʾlhʾ ʾlksndrws qsr w šmš kdy hwʾ tnn* [4] *q[r]spynws hygmwnʾ w kdy ʾty lkʾ yt lgynyʾ* [5] *zbnyn sgyʾn w hwʾ rb šwq w ḥsk rzʾyn śgyʾyn* [6] *w dbr ʿmrh škytyt mṭl kwt shd lh yrḥbwl* [7] *ʾlhʾ w ʾp ywlys [prsqs rbʾ] dy spʾ w rḥym mdth* [8] *dy ʾqym lh bwlʾ w dmws lyqrh šnt 554*

13. Honorary Inscription

(Date: 243 A.D., original location unknown.—Ingholt, in *Syria*, VII [1926], 128—41, pl. XXXIV)

[1] *[By]rḥ tšry šnt 555* [2] *brbnwt mrzḥwt yrḥy ʾgrpʾ yrḥy* [3] *ydyʿbl ʿgʾ yʿwt dy šmš ʾlhyʾ w ytb ʿl* [4] *qsmʾ štʾ klh w ʾsq ḥmrʾ ʿtyqʾ* [5] *lkmryʾ štʾ klh*

mn byth w ḥmr bzqyn [6] *lʾ ʾyty mn mʿrbʾ dkyryn w brykyn* [7] *prṭnks w mlkwsʾ bnwhy w ʿgylw ktwbʾ* [8] *w zby bršʿdʾ dy hwʾ ʿl bt dwdʾ* [9] *w yrḥbwlʾ mmzgnʾ w msyʿnʾ klhwn*

14. Thanksgiving Inscription found near the Spring of Efca

(Date: 250 A.D.—al-Hassani and Starcky, in *Annales Archéol. de la Syrie*, III [1953], 160—63, pl. III, 2)

[1] *Lbryk šmh lʿlm*[2]*ʾ rḥmnʾ w tyrʾ* [3] *mwdʾ nʾry br mq*[4]*ymw ṭyṭwylw w ʿdʾ* [5] *ʾtth w bnwh w b*[6]*nʾ byth klhwn* [7] *dy qrw lh bʿqʾ* [8] *w ʿnn brwḥʾ ln* [9] *šnt 562* [10] *byrḥ [mrḥ]š[wn]*

15. Thanksgiving Inscription found in the Muslim Cemetery

(Date: 256 A.D.—*CIS* 4047; Cooke, 300)

[1] *Bryk šmh lʿlmʾ [ṭ]bʾ* [2] *w rḥmnʾ mwdʾ mhryt* [3] *lšmš lrḥmnʾ dy qrlh* [4] *bymʾ w bybšʾ w ʿnh [bk]l* [5] *dy qrh hw w [bny by]th* [6] *byrḥ ʾlwl šnt [5]67*

16. Honorary Inscription found in situ on Bracket of Column in the Great Colonnade

(Date: 271 A.D.—*CIS* 3946; *Cooke*, 290f.; Cantineau, *Inventaire*, III, 25f., pl. II left)

[1] *Ṣlm spṭmyws ʾdy[nt] mlk mlkʾ* [2] *w mtqnnʾ dy mdnḥʾ klh spṭmyʾ zbdʾ rb ḥylʾ rbʾ w zby rb ḥylʾ* [3] *dy tdmwr qrṭsṭʾ ʾqym lmrhwn* [4] *byrḥ ʾb dy šnt 582*

17. Honorary Inscription found in situ on Bracket of Column in the Great Colonnade

(Date: 271 A.D.—*CIS* 3947; Cantineau, *Inventaire*, III, 26f. pl. II right)

[1] *Ṣlmt spṭmyʾ bt zby nhyrtʾ w zdqt[ʾ]* [2] *mlktʾ spṭmyws zbdʾ rb ḥylʾ* [3] *rbʾ w zby rb ḥylʾ dy tdmwr qrṭsṭwʾ* [4] *ʾqym lmrthwn byrḥ ʾb dy šnt 582*

18. Commemorative Inscription found in situ inside the Main Entrance of the Temple of Bēl

(Date: 272 A.D.—Cantineau, *Inventaire*, IX, 40f.; Du Mesnil du Buisson, *Revue des Études Sémitiques-Babyloniaca*, 1945, 76—84)

[1] *Brbnwt mrzḥwt ḥdwdn snqlṭyqʾ* [2] *br ʿgylw mqy dkyryn w brykyn ʾnšʾ dy* [3] *hww mhrqryn b[......]lʾ br yrḥy mlʾ* [4] *dy hwʾ [...........] šʿʾ br ʾtʿqb šʿʾ* [5] *dy hwʾ ʿ[l ʾd]rwnʾ ʿgylw dy hwʾ ʿl* $^{ʿm}/_{q}w^{d}/_{r}$ [6] *w nrqys w ʿgylw br mhrdd d hwʾ qym ʿl* [7] *ṭlyʾ w ʿgylw br wrwd dy hwʾ qym ʿl* $^{ʿm}/_{q}w^{d}/_{r}$ [8] *w ʿl bt nṭrʾ w šmʿ ṭbyt byrḥ ʾdr šnt 583*

19. Honorary Inscription from an Arab House inside the Temple of Bēl

(Ingholt, in *Berytus*, III [1936], 88—91, pl. XX, 2)

¹ *Ṣlm ḥdwdn* ² *br dktʾ dy* ³ *twnʾ br ḥry* ⁴ *bt prmwn*

20. An Inscription in Honor of the God Arṣū from the Temple of Zeus Megistos, Dura-Europos

(Du Mesnil du Buisson, *Inventaire des inscriptions palmyréniennes de Doura-Europos* [Paris 1939], 28—30; Ingholt, in *Yale Classical Studies*, XIV [1955], 138f., pl. IV)

¹ *ʾrṣw w mṭy* ² *ʿbd ʿgʾ glpʾ lḥy brh*

21. Inscription in Honor of the God Yarḥibōl from the Temple of the Two Gadd, Dura-Europos

(F. E. Brown, *Preliminary Report of the Seventh and Eighth Seasons* [New Haven 1939], 264f.; Du Mesnil du Buisson, *op. cit.*, 18)

¹ *Yrḥbwl ʾlhʾ* ² *ṭbʾ mṣbʾ dy* ³ *ʿynʾ ʿbd bny* ⁴ *mytʾ qštʾ*

B) INSCRIPTIONS FROM HATRA

1. A Prayer for Remembrance from the Southern Liwān, Main Temple

(A. Caquot, in *Syria*, XXXII [1955], 269f., No. 74; H. Donner-W. Röllig, *Kanaanäische und aramäische Inschriften* [Wiesbaden 1962—64], II, 303. Cf. here, and for the following texts, the drawings and photographs in the *editio princeps* of F. Safar in successive volumes of *Sumer*)

¹ *Q⟨d⟩m mrn w mrtn* ² *w brmryn w ʾlt w šḥrw* ³ *dkyr nšry lṭb w lšnpyr* ⁴ *qdm mrn w gdh w šmš* ⁵ *w m . . . h w b . . . w smytʾ* ⁶ *kwlhwn w bgn mrn ʿl kwl mn* ⁷ *ʾnš kwlh d lʿbwr bgwph w lktwb ʿlyh m . .* $^{d}/_{r}$*bš*

2. Commemorative Inscription from the Southern Liwān, Main Temple

(Caquot, in *Syria*, XXIX [1952], 90, No. 1; Donner-Röllig, II, 294)

¹ *Brnny br yḥbš* ² *ʾrdklʾ w bnyh* ³ *glpʾ*

3. Inscription in Honor of the Gods Māran and Šamayyā (Semayā), Temple 1

(Caquot, in *Syria*, XXIX [1952], 90f., No. 3; Ingholt, *Parthian Sculptures from Hatra* [New Haven 1954], 24f., pl. VII, 1)

¹ *Nyšʾ dy mrn w dy* ² *smyʾ dy bt ʿqbʾ*

4. Honorary Inscription from Temple 1

(Caquot, in *Syria*, XXIX [1952], 92f., No. 5; Donner-Röllig, II, 295)

[1] *Ṣlmtʾ dy smy brt ʿgʾ br* [2] *ʾštṭy br slyk dy ʾyqym lh ʿgʾ* [3] *bʿlh br ʾbʾ kmrʾ d ʾtrʿtʾ* [4] *ʾbʾ glp br ʿgʾ zrqʾ*

5. Honorary Inscription from the Temple of Baʿal Shamīn (Temple 3)

(Caquot, *loc. cit.*, 101, No. 21; Donner-Röllig, II, 297; J. T. Milik, in *Revue Numismatique*, IV [1962], 52f.)

[1] *Ṣlmʾ dy ʾtlw mlkʾ ntwnʾšryʾ* [2] *plḥ ʾlhʾ bryk ʾlhʾ dy . . . .*

6. A Prayer for Remembrance, from the Temple of Baʿal Shamīn

(Caquot, in *Syria*, XXIX [1952], 102f., No. 23; XL [1963], 15f.; Donner-Röllig, II, 298; Milik, 54f.)

[1] *Dkyr w bryk qdm bʿšmyn ʾlhʾ w qdm ʾlhʾ klhwn* [2] *nšrʿqb br mdkʾ dy brmryn w br yhb lṭb w lšnpyr* [3] *wmn dy lšḥqh lṭb bʿšmyn qnh dy rʿʾ wmn qmwhy* [4] *w bgn sḥrw ʿl zmth dy mn dy lqryhy w lʾ* [5] *ldkrhy lnšrʿqb lṭb w lšnpyr*

7. A Similar Inscription

(Caquot, *loc, cit.*, 104, No. 25; Donner-Röllig, II, 298f.; Milik 55f.)

[1] *Dkyr w bryk nšryhb br ʿbdʾly br ʿbdšlmʾ kmrʾ rbʾ qdm* [2] *mrn w mrtn w brmryn w bʿšmyn ʾlhʾ rbʾ lṭb lšnpyrh w dlmn dy* [3] *rḥym lh lṭb w lšnpyr*

8. A Similar Inscription

(Caquot, in *Syria*, XXXII [1955], 55f., No. 52; Donner-Röllig, II, 301)

[1] *Dkyr nšryhb br ḥyrʾ* [2] *br wylt blgʾ* [3] *⟨l⟩ṭb w lšnpyr qdm* [4] *mrn w mrtn w brmryn ʾlt* [5] *w smytʾ klhwn h[w]w mn dy rḥym lh*

9. A Prayer for Those Who Travel to Maškēnā, found in Temple 4

(Caquot, in *Syria*, XXX [1953], 235f., No. 29; Donner-Röllig, II, 299; J. Teixidor, in *Syria*, XLI [1964], 281, n. 4)

[1] *Bgn mrn* [2] *w mrtn w brm[ryn]* [3] *w šḥrw w bʿšm[yn]* [4] *w ʾtrʿtʾ ʿl [mn]* [5] *d lʿwl mhkʾ* [6] *bmšk[nʾ]*

10. Honorary Inscription from Temple 4

(Caquot, *loc. cit.*, 236f., No. 30; Donner-Röllig, II, 299f.)

[1] *Ṣlmtʾ dy ʾbw brt* [2] *gblw dy ʾqym lh* [3] *ʾšʾ br šmšlṭb* [4] *bʿlh dy mytt brt* [5] *šnt 18 bgn mrn* [6] *w mrtn w brmryn* [7] *w bʿlšmn w ʾtrʿt⟨ʾ⟩* [8] *ʿl mn dy qṭlh* [9] *w ḥdy lh* [10] *w ʿl nšʾ dy mly* [11] *w nmr . . nh dy* [12] *ʾ. . . .*

11. Honorary Inscription from Temple 5

(Date: 135 A.D.—Caquot, *loc. cit.*, 239f., No. 34)

[1] *Byrḥ ʾdr šnt 446* [2] *ṣlmtʾ dy mrtbw kmrt* [3] *[ʾ]š[r]bl bt tkdm(?) dy [ʾ]qym* [4] *lh brʾ brh br ʿbdšbl* [5] *br brʾ kmrʾ w ʿbd lbwšʾ* [6] *ʾḥwhy ʿl ḥyyhwn w ʿl* [7] *ḥyʾ bnyhwn w ʿl ḥyʾ mn* [8]*dy rḥym lhwn šbz glp*

12. Honorary Inscription from Temple 5

(Date: 138 A.D.—Caquot, *loc.cit.*, 240f., No. 35; Donner-Röllig, II, 300)

[1] *Bʾlwl šnt 449 ṣlmtʾ* [2] *dy qymy brt ʿbdsmyʾ ḥmrʾ* [3] *ʾntt nšrʿqb sprʾ d brmryn* [4] *dy ʾmrt lh ʾšrbl bt lh* [5] *w ʾyqymt lnpšh ʿl ḥyyh w ʿl ḥ[y]* [6] *nšrʿqb bʿlh w ʿbsʾ ʾḥwhy [w ʿl ḥyʾ]* [7] *dy dʾklh gzztʾ w brytʾ d brmryn w mn* [8] *dy rḥym lhwn kwlh*

13. Honorary Inscription from Temple 5

(Date: 137 A.D.—Caquot, *loc. cit.*, 241f., No. 36; Donner-Röllig, II, 300f.)

[1] *Byrḥ tšry šnt 4²49 ṣlmtʾ dwšpry brt* [3] *snṭrwq mlkʾ br ʿbdsmyʾ* [4] *mlkʾ w bt smy ʾmʾ dy pzgrybʾ* [5] *[dy ʾqym lh . . . .]* [6] *ʿbd ʿgyly br stn bl rḥmh*

14. Commemorative Inscription from Temple 8

(Caquot, in *Syria*, XXXII [1955], 57f., No. 56)

[1] *Ṣlmʾ dy ʿbdsmyʾ* [2] *rb smyʾ br* [3] *ʾstnq br ʾdy*

15. A Prayer for Remembrance, from Temple 8

(Caquot, *loc. cit.*, 262f., No. 58)

[1] *Dkyr ʾdʾ br kṣyʾ br* [2] *ʿbsʾ qdm gndʾ dy* [3] *kṣryʾ lṭb w lšnp[yr]*

16. An Offering (Temple 9)

(Date: 165 A.D.—Caquot, *loc. cit.*, 264f., No. 62; Donner-Röllig, II, 302)

[1] *Byrḥ mrḥšwn šnt 476 bnʾ ptrʾ w mqmʾ* [2] *ʿbdmlyk br whwbʾ w ʿqwbšmš brh ʿl ḥyhn* [3] *w ḥyʾ bnyhn*

17. An Invocation (Temple 9)

(Date: 186 A.D.—Caquot, *loc.cit.*, 266, No. 65)

[1] *Byrḥ knwn šnt 4²98 npšʾ dy* [3] *ʾqym ʿ[bd]smyʾ* [4] *br whwbʾ* [5] *lqrt gdyʾ* [6] *dy smyʾ* [7] *ʿwdw*

18. A Prayer for Remembrance, from Temple 10

(Caquot, *loc. cit.*, 267, No. 67; Donner-Röllig, II, 302)

Bnḥšʾ ṭ[bʾ ʿ]l ḥyʾ nṣrw $m^{d}/_{r}$*yʾ ʾpk[l]ʾ rbʾ d ʾlhʾ*

19. Another Prayer for Remembrance, from Temple 10

(Caquot, *loc. cit.*, 269, No. 71; Donner-Röllig, II, 302)

Nrgwl klbʾ dkyr gdyʾ lṭb

20. Honorary Inscription from Temple 11

(Caquot, in *Syria*, XL [1963], 2—6, No. 79; Teixidor, in *Syria*, XLI [1964], 280f.)

[1] *Zkyʾ d gndh ʿm* [2] *ʾlhʾ br ʿbdsmyʾ* [3] *mlkʾ d ʾyqmw lh bbyldh* [4] *d gndʾ dy ḥdyn bh dylhwn* [5] *yhbrmryn w ʾlkw*$^{d}/_{r}$ *bnʾ šmšbrk* [6] *br ʾlkw*$^{d}/_{r}$ *br šmšbrk br* [7] *ʾlkw*$^{d}/_{r}$ *w ʾḥdw hnw yhbrmryn* [8] *w ʾlkw*$^{d}/_{r}$ *w bnyhwn w nkyhwn d lbr* [9] *w lgw bmrn nšrʾ w bmlkwth w bgndʾ* [10] *d ʿrb w bsmyʾ d mšknʾ w bgndhwn* [11] *d snṭrwq mlkʾ w zrʿh w bnyhy klhwn* [12] *d lʿlm lʾ ldbr hnw ʾnš mn bnʾ ddhwn* [13] *bqṭyrʾ mʿnʾ br snṭrwq mlkʾ* [14] *dkyrn lʿlm bḥṭrʾ w ʿrbwʾw*

21. Honorary Inscription from the so-called Temple of Shamash, east of the Southern Liwān

(F. Safar, in *Sumer*, XVIII [1962], 57, No. 195; Caquot, in *Syria*, XLI [1964], 269)

[1] *Ṣlmʾ dy snṭrwq mlkʾ br ʿbdsmyʾ mlk⟨ʾ⟩* [2] *d ʿrb dy ʾqym lh nšryhb rbytʾ d mrn br* [3] *zydʾlt ʿl ḥyʾ ʿbdsmyʾ pšgryʾ brh*

C) NABATAEAN INSCRIPTIONS

1. An Offering

(Date: 47 A.D., from Ḥebrān between Soada and Bostra—*CIS* 170; Cooke, 252)

[1] *Byrḥ tšry šnt šbʿ lqldys* [2] *qysr* [3] *dnh trʿʾ dy ʿbd mlkw br* [4] *qṣ[yw] kmr ʾlt šlm qry*

2. An Offering

(Date: 124 A.D., from Dēr il-Meshqūq—E. Littmann, *Nabataean Inscriptions from Southern Ḥawrân* [Leiden 1914], 24—27)

[1] *Dnh ḥmnʾ dy ʿbd mʿyrw br ʿqrb* [2] *[b]bt ʾšrw ʾlhʾ ʾlh mʿynw šnt šbʿ lhdryns qysr*

3. The Construction of a Tomb

(Date: 37 A.D., from Medeba—*CIS* 196; Cooke, 247f.; Cantineau, *Le Nabatéen* [Paris 1932], II, 44f.)

[1] *Dʾ mqbrtʾ w trty npštʾ dy* [2] *ʿlʾ mnh ʿbd ʿbdʿbdt ʾsrtgʾ* [3] *lʾytybl ʾsrtgʾ ʾbwhy w lʾytybl* [4] *rb mšrytʾ dy blḥytw w ʿbrtʾ br ʿbdʿbdt* [5] *ʾsrtgʾ dnh bbyt šlṭwnhm dy šlṭw* [6] *zmnyn tryn šnyn tltyn w št ʿl šny ḥrtt* [7] *mlk nbṭw rḥm ʿmh w ʿbydtʾ dy* [8] *ʿlʾ ʿbydt bšnt ʾrbʿyn w št lh*

4. Dedication of a Tomb

(From Petra—*CIS* 350; Cooke, 241—44; Cantineau, *Le Nabatéen*, II, 3—5; Milik, in *Revue Biblique*, LXVI [1959], 555f.)

[1] *Qbrʾ dnh w ṣryḥʾ rbʾ dy bh w ṣryḥʾ zʿyrʾ dy gwʾ mnh dy bh bty mqbryn ʿbydt gwḥyn* [2] *w krkʾ dy qdmyhm w ʿd kwtʾ w btyʾ dy bh w gnyʾ w gnt smkʾ w bʾrwt myʾ w ṣhwtʾ w ṭwryʾ* [3] *w šʾryt kl ʾṣlʾ dy bʾtryʾ ʾlh ḥrm w ḥrg dwšrh ʾlh mrʾnʾ w mwtbh ḥryšʾ w ʾlhyʾ klhm* [4] *bšṭry ḥrmyn kdy bhm p pqdwn dwšrʾ w mwtbh w ʾlhyʾ klhm dy kdy bšṭry ḥrmyʾ ʾnw ytʿbd w lʾ ytšnʾ* [5] *w lʾ ytpṣṣ mn kl dy bhm mndʿm w lʾ ytqbr bqbrʾ dnh ʾnwš klh lhn mn dy ktyb lh tnʾ mqbr bšṭry ḥrmyʾ ʾnw ʿd ʿlm*

5. A Prayer for Remembrance

(From Petra—Cantineau, *Le Nabatéen*, II, 6f.)

[1] *Dkyr ʿbydw br wqyhʾl* [2] *w ḥbrwhy mrzḥ ʿbdt* [3] *ʾlhʾ*

6. Reconstruction of a Tomb

(Date: 45 A.D., from Djōf—R. Savignac and J. Starcky, in *Revue Biblique*, LXIV [1957], 196—215)

[1] *Dʾ mḥrmtʾ dy bnh ʿnmw rb* [2] *mšrytʾ b[r d]msps ldwšrʾ ʾlh* [3] *gyʾʾ dy b[dwm]tʾ ḥdt yth w ʾwsp* [4] *bh mlk ptwrʾ dy bdwmtʾ br ḥzʾ* [6] *bšnt ḥmš lmlkw mlk nbṭw*

7. Honorary Inscription

(Date: 7 B.C., from Ramm—Savignac, in *Revue Biblique*, XLVI [1937], 405—8, 410—16; Starcky, in *RB*, LXIV [1957], 215—17)

[1] *Dy bnh nṭyrʾl br* [2] *zydʾl rʾš ʿyn lʿbn ʿl ḥyy ḥrtt* [3] *mlk nbṭw rḥm ʿmh w ḥyy ḥldw ʾtth bšnt 2*

8. Inscription in Honor of the Gods al-ʿUzzā and Mār Baytā

(From Ramm—Savignac, in *Revue Biblique*, XLII [1933], 413f.)

[1] *Dʾ ʾlʿzʾ w mr bytʾ* [2] *dy ʿbd ʿqbr pḥm w hgy ʾmnyʾ*

9. A Prayer for Remembrance

(From Ramm—Savignac, in *RB*, XLII [1933], 415f.)

1 *Dkyr ʾyšw* 2 *[w] whbʾlhy pslyʾ* 3 *ʿlymy mrʾnʾ* 4 *w ʿbdʾlgʾ w tymw* 5 *šydʾ mn q[d]m ʾltw* 6 *bṭb*

10. Dedication of a Tomb

(Date: 1 B.C., from El-Ḥejra—*CIS* 197; Cooke, 217—20)

1 *Dnh qbrʾ dy ʿbd ʿydw br khylw br* 2 *ʾlksy lnpšh w yldh w ʾḥrh w lmn dy ynpq bydh* 3 *ktb tqp mn yd ʿydw qym lh w lmn dy yntn w yqbr bh* 4 *ʿydw bḥywhy byrḥ nysn šnt tšʿ lḥrtt mlk* 5 *nbṭw rḥm ʿmh w lʿnw dwšrʾ w mnwtw w qyšh* 6 *kl mn dy yzbn kprʾ dnh ʾw yzbn ʾw yrhn ʾw yntn ʾw* 7 *ywgr ʾw ytʾlp ʿlwhy ktb klh ʾw yqbr bh ʾnwš* 8 *lhn lmn dy ʿlʾ ktyb w kprʾ w ktbh dnh ḥrm* 9 *kḥlyqt ḥrm nbṭw w šlmw lʿlm ʿlmyn*

11. Dedication of a Tomb

(Date: 1 B.C. or A.D., from El-Ḥejra—*CIS* 198; Cooke, 220—24; Cantineau, *Le Nabatéen*, II, 26—28)

1 *Dnh kprʾ dy ʿbdw kmkm brt wʾlt brt ḥrmw* 2 *w klybt brth lnpšhm w ʾḥrhm byrḥ ṭbt šnt* 3 *tšʿ lḥrtt mlk nbṭw rḥm ʿmh w ylʿn dwšrʾ* 4 *w mwtbh w ʾlt mn ʿmnd w mnwtw w qyšh mn yzbn* 5 *kprʾ dnh ʾw mn yzbn ʾw yrhn ʾw yntn yth ʾw ynpq* 6 *mnh gt ʾw šlw ʾw mn yqbr bh ʿyr kmkm w brth* 7 *w ʾḥrhm w mn dy lʾ yʿbd kdy ʿlʾ ktyb p ʾyty ʿmh* 8 *ldwšrʾ w hblw w lmnwtw šmdyn 5 w lʾpklʾ qns* 9 *slʿyn ʾlp ḥrty blʿd mn dy ynpq bydh ktb mn yd* 10 *kmkm ʾw klybt brth bkprʾ hw p qym ktbʾ hw* 11 *whbʾlhy br ʿbdʿbdt* 12 *ʿbd*

12. Dedication of a Tomb

(Date: 31 A.D., from El-Ḥejra—*CIS* 209; Cooke, 233—35; Cantineau, *Le Nabatéen*, II, 33—35)

1 *Dnh kprʾ dy ʿbd ḥlpw br qsntn lnpšh w lšʿydw brh* 2 *w ʾḥwhy mh dy ytyld lḥlpw dnh mn dkryn w lbnyhm w ʾḥrhm* 3 *ʾṣdq bʾṣdq ʿd ʿlm w dy ytqbrwn bkprʾ dnh w . . . šʿydw dnh* 4 *w mnwʿt w knwšt w rybmt w ʾmyt w šlymt bnt ḥlpw dnh w lʾ ršy* 5 *ʾnwš klh mn šʿydw w ʾḥwhy dkryn w bnyhm w ʾḥrhm dy yzbn kprʾ dnh* 6 *ʾw yktb mwhbh ʾw ʿyrh lʾnwš klh blʿd hn yktb ḥd mnhm lʾntth* 7 *ʾw lbnth ʾw lnšyb ʾw lḥtn ktb lmqbr blḥd w mn yʿbd kʿyr dnh p ʾyty* 8 *ʿmh qns ldwšrʾ ʾlh mr[ʾnʾ ks]p slʿyn ḥmš mʾh ḥrty* 9 *w lmrʾnʾ kwt knsḥt dnh yhyb bbyt qyšʾ byrḥ nysn šnt ʾrbʿyn* 10 *lḥrtt mlk nbṭw rḥm ʿmh rwmʾ w ʿbdʿbdt pslyʾ*

13. Dedication of a Tomb

(Date: 36 A. D., from El-Ḥejra—*CIS* 213; Cooke, 236f.)

1 *Dnh kprʾ dy ʿbdw ʿnmw br gzyʾt w ʾrsksh* 2 *brt tymw ʾsrtgʾ ʿl rwmʾ w klbʾ* 3 *ʾḥyh p lʿnmw tlt kprʾ w ṣryḥʾ dnh* 4 *w lʾrsksh tltyn tryn mn kprʾ w ṣryḥʾ* 5 *w ḥlqh mn gwḥyʾ mdnḥʾ w gwḥyʾ* 6 *w lnʿmw ḥlqh mn gwḥyʾ mrḥ ymynʾ* 7 *w gwḥyʾ dy bh lhm w lyldhm ʾṣdq bʾṣdq* 8 *by⟨r⟩ḥ ṭbt šnt 45 lḥrtt mlk nbṭw* 9 *rḥm ʿmh ʾptḥ br ⟨ʿbdʿbdt⟩ pslʾ ʿbd*

14. Sepulchral Inscription

(From El-Ḥejra—*CIS* 234)

1 *Dnh mškbʾ* 2 *dy ʾḥd ʿnmw* 3 *ʾsrtgʾ br* 4 *dmsps*

15. A Curse on the Despoiler of a Tomb

(Date: 269 A. D., from El-Ḥejra—Cantineau, *Le Nabatéen*, II, 38f.)

1 *Th qbrw ṣnʿh kʿbw br* 2 *ḥrtt lrqwš brt* 3 *ʿbdmnwtw ʾmh w hy* 4 *hlkt py ʾlḥgrw* 5 *šnt mʾh w štyn* 6 *w tryn byrḥ tmwz w lʿn* 7 *mry ʿlmʾ mn yšnʾ ʾlqbrw* 8 *dʾ w mn yptḥh ḥšy w* 9 *wldh w lʿn mn yʿyr dʾ ʿly mnh*

Addendum: J. Teixidor has recently suggested that the era employed in the dated Hatran inscriptions was not the Seleucid but the Parthian era (*Syria*, XLIII [1966], 93—97). The dates of the Hatran inscriptions Nos. 11ff. should therefore be advanced by sixty-four years.

V. Jewish Palestinian Aramaic

(Eduard Yechezkel Kutscher)

(The selections are arranged in a roughly chronological order.
Doubtful letters are marked by a line on top. Letters in square brackets are missing in the original and have been supplied by the editor. Dots indicate missing letters.)

1. From the "Genesis Apocryphon" (Qumran I)

(Published by N. Avigad and Y. Yadin, Jerusalem 1956. Cf. E. Y. Kutscher, *The Language of the Genesis Apocryphon*, in *Scripta Hierosolymitana*, IV [1957], 1—34, and, for further literature, the bibliography by H. H. Rowley, in *Hebrew and Semitic Studies presented to G. R. Driver* [Oxford 1962], 116—29.)

a) Pl. XX, ll. 8—11

8 וכדי שמע מלכא מלי חרקנוש ומלי תרין חברוהי די פם חד תלתהון ממללין
שגי רחמה ושלח 9 לעובע דברהא וחזהא ואתמה על כול שפרהא ונסבהא לה לאנתא
ובעא למקטלני ואמרת שרי 10 למלכא דאחי הוא[1]) ושביקת אנה אברם בדילהא
ולא קטילת ובכית אנה 11 אברם בכי תקיף אנה ולוט בר אחי עמי בליליא כדי
דבירת מני שרי באונס·

b) Pl. XXI, ll. 10—19

10 וחזית ארעא מן 11 רמתא דא מן נהר מצרין עד לבנן ושניר ומן ימא רבא עד
חורן וכול ארע גבל עד קדש וכול מדברא 12 רבא די מדנח חורן ושניר עד פורת
ואמר לי לזרעך אנתן כול ארעא דא וירתונה לכול עלמים[2]) 13 ואשגה זרעך כעפר
ארעא די לא ישכח כול בר אנוש לממניה ואף זרעך לא יתמנה קום הלך ואזל 14 וחזי
כמן ארכהא וכמן פתיהא ארי לך ולזרעך אנתננה אחריך עד כול עלמיא 15 ואזלת
אנה אברם למסחר ולמחזה ארעא ושרית למסחר מן גיחון נהרא ואתית ליד ימא עד
די 16 דבקת לטור תורא וסחרת מן ל[יד] ימא רבא דן די מלחא ואזלת ליד טור
תורא למדנחא לפותי ארעא 17 עד די דבקת לפורת נהרא וסחרת ליד פורת עד
די דבקת לימא שמוקא למדנחא והוית אתה לי ליד 18 ימא שמוקא עד די דבקת
ללשן ים סוף די נפק מן ימא שמוקא וסחרת לדרומא עד די דבקת גחון 19 נהרא ותבת
ואתית לי לביתי בשלם ואשכחת כול אנשי שלם ואזלת ויתבת באלוני ממרה די בחברון.

---

1) Five words omitted.
2) = עלמין (Hebraism).

c) *Pl. XXII, ll. 1—15*

1 ואתה חד מן רעה[3] 2 ענה די יהב אברם ללוט די פלט מ̄ן שביא על אברם ואברם
באדין הוא 3 יתב בחברון וחויה די שבי לוט בר אחוהי וכול נכסוהי ולא קטיל ודי
4 נגדו מלכיא ארחא[4] חלתא רבתא למדיתון ושבין ובזין ומחין וקטלין ואזלין
5 למדינת דרמשק ובכא אברם על לוט בר אחוהי ואתחלם אברם וקם 6 ובחר מן
עבדוהי ג̆ברין בחירין לקרב תלת מאא ותמניאת עשר וער̄נם 7 ואשכול וממרה נגדו
עמה והוא רדף בתרהון עד דבק לדן ואשכח אנון 8 שרין בבקעת דן ורמה עליהון
בליליא מן ארבע רוחיהון והווא קטל 9 בהון בליליא ותבר אנון והוא רדף להון
וכולהון הווא ערקין מן קודמו̄הי 10 עד דבקו לחלבון די שימא על שמאל דרמשק
ואצל מנהון כול די שבוא 11 וכול די בזו וכול טבתהון ואף ללוט בר אחוהי פצא
וכול נכסוה̄י וכול 12 שביתא די שבאו[5] אתיב ושמע מלך סודם די אתיב אברם כול
שביתא 13 וכול בזתא וסלק לעורעה ואתה לשלם היא ירושלם ואברם שרא בעמק
14 שוא והוא עמק מלכא בקעת בית כרמא ומלכיצדק מלכא דשלם אנפק 15 מאכל
ומשתה לאברם ולכול אנשא̄ די עמה·

2. Tomb Inscriptions from Jerusalem

a) *The Epitaph of King Uzziah of Judaea*

(*Tarbiz*, II [1930—31], 288—94)

1 לכה התית[6]
2 טמי עוזיה
3 מלך יהודה
4 ולאלמפתח[7]

b) *Epitaphs composed by the Children of the Deceased*

(*Tarbiz*, VI [1934—35], 193—95; J.-B. Frey, *Corpus Inscriptionum Iudaicarum* [Rome 1952], No. 1300)

1 כוכה דנה עביד
2 לגרמי אבהתנה
3 ארך אמין תרתין
4 ולא למפתח עליהון

(*Tarbiz*, VI, 195; Frey, No. 1334)

1 אבהתנ[ה]
2 ולאלמפ
3 תח לעל[ם]

---

[3]) pl. cstr. of רעה (!).

[4]) Add דִּי.

[5]) = שבוא (cf. Kutscher, *op. cit.*, 24).

[6]) Root אתה (sg., because the verb precedes the noun or because it is a *constructio ad sensum*).

[7]) = ולא למפתח (*scil.* the casket).

c) *An Interdiction*

(J. T. Milik, in *Revue Biblique*, LXV [1958], 409; J. A. Fitzmyer, in *Journal of Biblical Literature*, LXXVIII [1959], 60ff.)

1 כל די אנש מתהנה בחלתה דה
2 קרבן אלה מן דבגוה

3. Two Letters of Bar Koseba

(Y. Yadin, cf. E.Y. Kutscher, in *Leshonenu*, XXV [1960—61], 124f., 129)

1 שמעון בר כשבה
2 ליהונתן בר בעין
3 ולמשבלה בר שמעון
4 די תשלחון לי ית אלעזר
5 בר חטה שוה קדם
6 שבת
7 שמעון בר יהודה כתבה

1 שמעון ליהודה בר מנשה לקרית ערביה שלחת לך תרי חמרין די תשלח
2 עמהן תר גברין לות יהונתן בר בעין ולות מסבלה די יעמרן
3 וישלחן למחניה לותך ללבין ואתרגין[8] ואת שלח אחרנין מלותך
4 וימטון לך הדסין וערבין[8] ותקן יתהן ושלח יתהן למחניה...
5 ... הוא שלם

4. Targum Onkelos to the Torah

(According to the edition of A. Sperber, *The Bible in Aramaic,* I [Leiden 1959], 84ff., 350ff. Dagesh points have been supplied following the Yemenite Bible *Kether Torah,* published in Jerusalem. For the grammar, cf. G. Dalman, *Grammatik des jüdisch-palästinischen Aramäisch*, 2nd ed. [Leipzig 1905]. Western origin of this Targum [except for the vocalization, cf., e. g., *Zeitschrift für die Neutestamentliche Wissenschaft*, LI, 1960, 48] can now be safely assumed).

a. Genesis, ch. 49

1 וקרא יעקב לבנוהי ואמר אתכנשו ואחוי לכון ית דיערע יתכון בסוף יומיא: 2 אתכנשו
ושמעו בני יעקב וקבילו אולפן מן ישראל אבוכון: 3 ראובן בוכרי את חילי וריש תוקפי
לך הוה חזי למסב תלתה חולקין בכירותא כהונתא ומלכותא: 4 על דאזלת לקביל אפך
הא כמיא ברם לא אהניתא חולק יתיר לא תיסב ארי סליקתא בית משכבי אבוך בכין
אחילתא לשיויי ברי סליקתא: 5 שמעון ולוי אחין גברין גיברין בארע תותבותהון עבדו
גבורא: 6 ברזהון לא הות נפשי באתכנושיהון למהך לא נחתית מן יקרי ארי ברוגזהון
קטלו קטול וברעותהון תרעו שור סנאה: 7 ליט רוגזהון ארי תקיף ותימתהון ארי קשיא

[8]) Cf. Leviticus 23 : 40 and Targum Onkelos *ad loc.*

אפליגינון ביעקב ואבדרינון בישראל: 8 יהודה את אודיתא ולא בהיתתא בך יודון אחך
ידך תתקף על בעלי דבבך יתברון סנאך יהון מחזרי קדל קדמך יהון מקדמין משאל
בשלמך בני אבוך: 9 שלטון יהי בשירויא ובסופא יתרבא מלכא מדבית יהודה ארי מדין
קטלא ברי נפשך סליקתא ינות ישרי בתקוף כאריא וכליתא ולית מלכו דתזעזעיניה:
10 לא יעידי[a] עביד שולטן מדבית יהודה וספרא מבני בנוהי עד עלמא עד דייתי משיחא
דדיליה היא מלכותא וליה ישתמעון עממיא: 11 יסחר ישראל לקרתיה עמא יבנון
היכליה יהון צדיקיא סחור סחור ליה ועבדי אוריתא באולפן עמיה יהי ארגון טב לבושיה
וכסותיה מילא צבע זהורי וצבענין: 12 יסמקון[b] טורוהי בכרמוהי יטופון נעווהי
בחמר יחורן[c] בקעתיה בעיבור ובעדרי עניה: 13 זבולון על ספר ימא ישרי והוא
יכביש מחוזין בספינן וטוב ימא ייכול ותחומיה יהי מטי עד צידן: 14 יששכר עתיר בנכסין
אחסנתיה בין תחומיא: 15 וחזא חולקא ארי טב וית ארעא ארי מעבדא פירין ויכביש
מחוזי עממיא וישיצי ית דיריהון ודישתארון בהון יהון ליה פלחין ומסקי מסין: 16 מדבית
דן יתבחר ויקום גברא ביומוהי יתפריק עמיה ובשנוהי ינוחון כחדא שבטיא דישראל: 17
יהי גברא דיתבחר ויקום מדבית דן אימתיה תתרמי על עממיא ומחתיה תיתקף בפלשתאי
כחיוי חורמן ישרי על אורחא וכפתנא יכמון על שבילא יקטיל גיברי משרית פלשתאי
פרשין עם רגלאין יעקר סוסון ורתכין וימגר רכביהון לאחרא: 18 לפורקנך סברית יוי:
19 דבית גד משרית מזינין[d] יעברון ית ירדנא קדם אחיהון לקרבא ובנכסין סגיאין יתובון
לארעהון: 20 דאשר טבא ארעיה והיא מרביא תפנוקי מלכין: 21 נפתלי בארע טבא
יתרמי עדביה ואחסנתיה תהי מעבדא פירין יהון מודן ומברכין עליהון: 22 ברי דסגי
יוסף ברי דאתברך כגופן דנציב על עינא דמיא תרין שבטין יפקון מבנוהי יקבלון חולקא
ואחסנתא: 23 ואתמררו עמיה ונקמוהי ואעיקו ליה גברין גיברין בעלי פלגותיה: 24 ותבת
בהון נביותיה על דקיים אוריתא בסתרא ושוי תוקפא רותצניה בכין אתרמא דהב טב על
דרעוהי אחסין מלכותא ותקיף דא הותיה מן קדם אל תקיפא דיעקב דבמימריה זן אבהן
ובנין זרעא דישראל: 25 מימר אלהא דאבוך יהי בסעדך וית שדי ויברכינך ברכן דנחתן
מטלא דשמיא מלעילא ברכן דנגדן ממעמקי ארעא מלרע ברכתא דאבוך ודאימך:
26 ברכתא דאבוך יתוספן על ברכתא דלי בריכו אבהתי דתמידו להון רברביא דמן
עלמא יהוין כל אלין לרישא דיוסף גברא פרישא דאחוהי: 27 בנימן בארעיה תשרי
שכינתא ובאחסנתיה יתבני מקדשא בצפרא ובפניא יהון מקרבין כהניא קורבנא ולעדן
רמשא יהון מפלגין מותר חולקהון משאר קודשיא: 28 כל אלין שבטיא דישראל תרי
עסר ודא דמליל להון אבוהון ובריך יתהון גבר כברכתיה בריך יתהון: 29 ופקיד יתהון
ואמר להון אנא מתכניש לעמי קברו יתי לות אבהתי במערתא דבחקל עפרון חתאה:

[a]) = יְעְדֵּי (cf. H. Bauer and P. Leander, *Grammatik des Biblisch-Aramäischen* [Halle 1927], 45j) [b]) *ibid.* [c]) = יַחְוְרָן

[d]) Cf. Dalman, *Grammatik*, 2nd ed., 316,5

30 במערתא דבחקל כפילתא דעל אפי ממרי בארעא דכנען דזבן אברהם ית חקלא מן
עפרון חתאה לאחסנת קבורא: 31 תמן קברו ית אברהם וית שרה איתתיה תמן קברו ית
יצחק וית רבקה איתתיה ותמן קברית ית לאה: 32 זביני חקלא ומערתא דביה מן בני
חתאה: 33 ושיצי יעקב לפקדא ית בנוהי וכנש רגלוהי לערסא ואתנגיד ואתכניש לעמיה:

b. Deuteronomy, ch. 33

1 ודא ברכתא דבריך משה נבייא דיוי ית בני ישראל קדם מותיה: 2 ואמר יוי מסיני אתגלי
וזיהור יקריה מסעיר אתחזי לנא אתגלי בגבורתיה על טורא דפארן ועמיה רבות קדישין
כתב ימיניה מגו אישתא אוריתא יהב לנא: 3 אף חביבינון לשבטיא כל קדישוהי בית
ישראל בגבורא אפיק ממצרים ואנון מדברין תחות ענגך נטלין על מימרך: 4 אוריתא
יהב לנא משה מסרה ירותא לכנשת יעקב: 5 והוה בישראל מלכא באתכנשות רישי
עמא כחדא שבטיא דישראל: 6 ייחי ראובן בחיי עלמא ומותא תנינא לא ימות ויקבלון
בנוהי אחסנתהון במניגהון: 7 ודא ליהודה ואמר קביל יוי צלותיה דיהודה במפקיה לקרבא
ולעמיה תתיביניה בשלם ידוהי יעבדן ליה פורענותא מסנאוהי וסעיד מבעיל דבבא הוי
ליה: 8 וללוי אמר תומיא ואוריא אלבישתא לגבר דאשתכח חסיד קדמך דנסיתהי
בניסיתא והוה שלים בחרתהי על מי מצותא ואשתכח מהימן: 9 דעל אבוהי ועל אימיה
לא רחים כד חבו מן דינא ואפי אחוהי ובנוהי לא נסיב ארי נטרו מטרת מימרך וקימך לא
אשניו: 10 כשרין אלין דילפון דינך ליעקב ואוריתך לישראל ישוון קטורת בוסמין קדמך
וגמיר לרעוא על מדבחך: 11 בריך יוי נכסוהי וקורבן ידוהי קביל ברעוא תבר חרצא
דסנאוהי ודבעלי דבבוהי דלא יקומון: 12 לבנימין אמר רחימא דיוי ישרי לרוחצן עלוהי
יהי מגין עלוהי כל יומא ובארעיה תשרי שכינתא: 13 וליוסף אמר מברכא מן קדם יוי
ארעיה עבדא מגדנין מטלא דשמיא מלעילא וממבועי עינוות תהומין דנגדין ממעמקי
ארעא מלרע: 14 עבדא מגדנין ועללן מיבול שמשא עבדא מגדנין מריש ירח בירח: 15
ומריש טוריא בכיריא ומטוב רמן דלא פסקן: 16 ומטוב ארעא ומלאה רעי ליה
דשכינתיה בשמיא ועל משה אתגלי באסנא ייתין כל אילין לרישא דיוסף גברא פרישא
דאחוהי: 17 רבא דבנוהי זיוא ליה גבורן אתעבידא ליה מן קדם דתוקפא ורומא דיליה
בגבורתיה עממיא יקטיל כחדא עד סיפי ארעא ואנון רבותא דבית אפרים ואינון אלפיא
דבית מנשה: 18 ולזבולן אמר חדי זבולן במפקך לאגחא קרבא על בעלי דבבך ויששכר
במהכך למעבד זמני מועדיא בירושלם: 19 שבטיא דישראל לטור בית מקדשא יתכנשון
תמן יכסון נכסת קודשין לרעוא ארי נכסי עממיא ייכלון וסימן דמיטמרן בחלא יתגלין
להון: 20 ולגד אמר בריך דאפתי לגד כליתא שרי וקטיל שלטונין עם מלכין: 21
ואתקבל בקדמיתא דיליה ארי תמן באחסנתיה משה ספרא רבא דישראל קביר הוא נפק
ועל בריש עמא זכוון קדם יוי עבד ודינוהי עם ישראל: 22 ולדן אמר דן תקיף כגר אריון
ארעיה שתיא מן נחליא דנגדין מן מתנן: 23 ולנפתלי אמר נפתלי סבע רעוא ומלי ברכן

מן קדם יוי מערב ים גניסר ודרומוהי יירת: 24 ולאשר אמר בריך מברכת בניא אשר יהי
רעוא לאחוהי ויתרבא בתפנוקי מלכין: 25 תקיף כברזלא וכנחשא וכיומי עולימותך
תוקפך: 26 לית אילא אלהא דישראל דשכנתיה בשמיא בסעדך ותוקפיה בשמי שמיא:
27 מדור אלהא מלקדמין דבמימריה אתעביד עלמא ותריך מן קדמך סנאה ואמר שיצי:
28 וישרי ישראל לרוחצן בלחודוהי כעין ברכתא דבריכינון יעקב אבוהון כארע עבדא
עיבור וחמר אף שמיא דעלויהון ישמשונון בטלא 29 טובך ישראל לית דכותך עמא
דפורקניה מן קדם יוי תקוף סעדך ודמן קדמוהי נצחן גברותך ויתכדבון סנאך לך ואת
על פרקת צורי מלכיהון תדרוך.

5. Fragments of the Palestinian Targum from the Cairo Geniza

(P. Kahle, *Masoreten des Westens*, II [Stuttgart 1930], 1–4, 8f., 11f. The accents found in the original have been omitted. The words in brackets are derived, with a few changes, from the standard edition by M. Ginsburger).

a. Genesis 31:38–54

....וְעִזַּיךְ לָא תַכְּלִין וְדִכְרֵי עָאנַךְ לָא אַכְלֵית: 39 קְטִילָא לָא־אַיְתֵיית לְוָתַךְ וְאַיְדָא־דַהֲוַת
טָעְיָא מֶן מִנְיָינָא מֶן־יְדַיי הְוֵיתְ תָּבַע יָתַהּ יַת־מָה דַהֲוון גַּנְּבַיָּא גָּנְבִין בְּאִימְמָא אֲנָא הֲוֵינָא
מְשַׁלֵּם וְיַת־מָה דַהֲוַת חֵיוַת־בָּרָא מְתַכְּלָא בְלֵילְיָא אֲנָא־הֲוֵינָא מְשַׁלֵּם: 40 הֲוֵינָא בְאִימְמָא
אָכֵיל־יָתִי שַׁרְבָא וְקִירוֹשָׁא בְלֵילְיָא וְנַדַּת שֶׁנְתִי מֶן עַיְנַיי: 41 דֶּין־לִי עֶשְׂרִין שְׁנִין בְּבֵיְתַךְ
פַּלְחֵית[a] עִמָּךְ אַרְבַּע־עֶשְׂרֵה שְׁנִין בְּתַרְתֵּין בְּנָתַךְ וְשֵׁת שְׁנִין בְּעָאנַךְ וְשַׁלְחֶפְתְּ יַת־אַגְרִי דְנָא
עַשְׂרָא זֶמְנִין: 42 אִלּוּלֵי אֱלָהֵיה דְאֶבָּא אלהֵיה דְאַבְרָהָם וְתַקִיפֵיהּ דְיִצְחָק הֲוָה בְסַעְדִי
אֲרוּם כַּדּוּן רֵיקָן שְׁלַחְתְּ יָתִי יַת־צַעְרִי וְיַת לְעוּת כַּפֵּי־יְדַיי גְּלֵי קֳדָם־יְיָ וְאוֹכַח־יָתַךְ
בְּרָמְשָׁא: 43 וַעֲנָא לָבָן ואמר ליעקב הָא־בְנָתָא בְנָתִי וְהָא בְנַיָּא בְנַיי וְהָא עָנָא עָאנִי
וְכָל־מָה דִי־אַת חָמֵי דִידִי אִנּוּן וְלִבְנָתִי מָה אֶעְבֵּיד בְּאִלֵּין יוֹמָה הָדֵין אוֹ לְבְנֵיהֶן דִי אוֹלֵידָן:
44 וְכַדּוּן אֶתָא כְעַן נְקַיֵּים קְיָים אֲנָא וְאַתְּ וְיֶהְוֵי לְסָהֵיד בֵּינִי וּבֵינַךְ: 45 וּנְסַב יַעֲקֹב אֲבֶן וַאֲקִים
יָתַהּ קָיְימָא: 46 ואמַר יַעֲקֹב לֶבְנוֹי דַהֲוָוא קָרֵא־לְהוֹן אַחוֹי לַקִּיטוּ אֲבָנִים[b] וּנְסַבוּ אַבְנִין
ועַבדוּ יְגַר וַאֲכַלוּ תמן על יְגָרָא: 47 וּקְרָא־לֵיה לָבָן יְגַר שָׂהֲדוּתָא ויעקב הֲוָה קָרֵא־לֵיהּ
בְּלָשַׁן בֵּית־קֻדְשָׁא גַלְעֵד: 48 וַאמַר לָבָן יַגְרָא הָדֵין שָׂהֵיד בֵּינִי וּבֵינַךְ יוֹמא הדן בְגִין כְּדֵין
קְרָא שְׁמֵיה גַלְעֵד: 49 וְצַפִּיתָא דִי אַמַר יֶצְפֵּי מֵימְרֵהּ־דַיָי וְידוּן בֵּינִי וּבֵינַךְ אֲרוּם נֶטַּמַּר גְּבַר
מֶן־חַבְרֵיהּ: 50 אֶן־תְּצַעֵר יַת בְּנָתִי וְאֶן־תִּסַּב נְשִׁין עַל־בְּנָתִי לֵית־גְּבַר אוֹחֲרָן עִמַּן חֲמֵי
הָא־מֵימְרֵיהּ דַיָי שַׂהֵד בֵּינִי וּבֵינַךְ: 51 וַאֲמַר לָבָן ליעקב הָא יַגְרָא הָדֵין וְהָא קָיֵימְתָּא הָדָא

a) Note that the perf. *pᵊʿal* of Galilean Aramaic is vocalized differently from the other dialects b) = אבנין (under Hebrew influence)

דִּי־אַקִימֶת בֵּינִי וּבֵינָךְ: 52 שָׂהֵיד יַגְרָא הַדֵּין וְשַׂהְדָּא קְיָמְתָּא הָדָא אֶין־אֲנָה לָא־אֶעְבּוֹר
לְוָותָךְ יַת־יַגְרָא הָדֵין וְאֶין־אַתְּ לָא־תֶעְבֹּר לְוָתִי יַת־יַגְרָא הָדֵין וְיַת־קְיָמְתָּא הָדָא
לְמַבְאָשָׁה: 53 אֱלָהֵיה דאברהם וֵאלָהֵיה דְּנָחוֹר יְדוּנוּן בֵּינֵינַן אלהֵיה דאבוּהוֹן וְאֶשְׁתְּבַע
יעקֹב בְּתַקִּיפֶיה דַּאֲבוּי יִצְחָק: 54 וּנְכֵיס.

b. Genesis 34:9–25

34 9 וְתִתְעָרְבוּן עִימַּן בְּנָתְכוֹן תִּתְּנוּן־לַן וְיַת־בְּנָתַן תִּסְּבוּן לְכוֹן: 10 וְעִמַּן תֶּשְׁרוֹן וארעָא
תֶּהְוֵי קָדָמֵיכוֹן תֵּיבוּ וְאִתַּגַּרוּ בַהּ וְאִתְחַסְּנוּ בַּהּ: 11 וַאֲמַר שכם לַאֲבוּהּ וּלְאַחוּהּ אַשְׁכַּח חֶן־
וְחֶסֶד קָדָמֵיכוֹן וּמָה דִּי־תֵימְרוּן לִי אֶתֵּן: 12 אַסְגּוּן עֲלַי לַחדא פְּרֶין וְקִדְּשִׁין וְאֶתֵּן הֵיךְ־מָה
דִּי־תֵימְרוּן לִי וְהֵיבוּ־לִי יַת־רָבִיתָא לְאִנְתָּא: 13 וַעֲנוֹן בנוי־דיעקב יַת־שכם וית־חמור
אבוּי בְּעֵיצָא דְרַמָּיוּ ומְלֵילוּ דִּי סָאֵיבוּ יַת דִּינָה אֲחָתְהוֹן: 14 וְאָמְרִין לְהוֹן לֵית־אֲנַן יָכְלִין
לְמֶעְבַּד פִּתגמא הדין לְמִיתֵּן יַת־אֲחָתַן לַגְבַר דְּאִית־לֵיהּ עָרְלָה אֲרוּם־מְרַחֲקָא הִיא לַן:
15 לְהוֹד־בְּהָדָא נִשְׁתַּוֵּה לְכוֹן אֵן תֶּהְווֹן כְּוָותַן בְּמִגְזַר לְכוֹן כָּל־דְּכוּרָא: 16 וְנִתֵּן יַת־בְּנָתַן
לְכוֹן וְיַת־בְּנָתְכוֹן נִסַּב־לַן וְנִשְׁרֵי עִמְּכוֹן וְנֶהֱוֵי כוּלַּן לְעַם חַד: 17 וְאֶן־לָא תשמעוּן לַן לְמִגְזַר
וְנִיסַּב יַת בְּרַתַן וְנֵיזֵל: 18 וּשְׁפַּרוּ מִלֵּיהוֹן בְּאַפּוֹי דחמור וּבְאַפֵּי שכם בר־חמור: 19 וְלָא־
שָׁהֵי טַלְיָא לְמֶעְבַּד פתגמא אֲרוּם הֲוָא רְעֵי בְּבְרַתֵּהּ דיעקב והוּא הֲוָא רַב וְשַׁלִּיט מִן־כֹּל
בֵּיתֵהּ דאבוּי: 20 וַאֲתָא חֲמוֹר וּשְׁכֶם בְּרֵיהּ לִתְרַע קַרְתְּהוֹן ומְלֵילוּ עִם־חַכִּימֵי קַרְתְּהוֹן
לְמֵאמַר: 21 גַּבְרַיָּיא הָאִלֵּין שַׁלְמִין־אִנּוּן עִימַּן בַּעֲבָדָא טָבָא וְיִשְׁרוֹן בארעא וְיִתַּגְּרוּן־בַּהּ
וְאַרְעָא הָא־פַּתְיָא־הִיא בַּתְחָמֵהּ[c] קָדָמֵיהוֹן יַת־בנתהוֹן נִיסַּב־לַן לְנִשִׁין וְיַת־בְּנָתַן נִתֵּן
לְהוֹן: 22 לְהוֹד־בְּהָדָא יִתְעָרְבוּן עִימַּן גוּבְרַיָּא לְמִשְׁרֵי עִמַּן לְמֶהֱוֵי כֻלַּן לְעַם חַד בְּמִגְזַר־לַן
כָּל־דְּכוּרא הֵיךְ־מה דִּי־אנוּן גְּזִרִין: 23 מָמוֹנְהוֹן וְקִנְיָנְהוֹן וְכָל־בְּעִירְהוֹן הֲלָא דִּידַן אִנּוּן
לְהוֹד נִשְׁתַּוֵּה לְהוֹן וְיִשְׁרוֹן עִמַּן: 24 וּשְׁמַעוּ לַחֲמוֹר וּלַשְׁכֶם בְּרֵיהּ כָּל־נָפְקֵי תְרַע קַרְתֵּהּ
וּגְזַרוּ כָּל־דְּכוּרָא כָּל נָפְקֵי תְּרַע קַרְתֵּיהּ: 25 וַהֲוָוא בְּיוֹמָא...

c. Exodus 21:1–37, 22:1–23 (with Palestinian vowel signs)

1:21 [אילין אינון סדרי דיני]א די תשוי קד[מיה]ון: 2 [ארום תזבון] עבד עבראי שת [שנין]
יפלות[....] לוותך: [3 אין בלחדוי י]עול לבלחדוי [יפו]ק אין נסיב [אנתה ....:] 4 אין
רבונה יסב לה [אנתה ותלד לה בנין או בנן אנת]תה ובניה תהווי לרבונה [והוא יפוק
לבלחדוי:] 5 ואין מאמר יאמר [עבדה רחמנא ית רבוני ית א]נתי[d] וית בניי לית אנה [נפק
לבר חורין] 6 ויקרב יתה [רבונה] לתרע בית דינא או [לוות מזוזתה ויחייט רבונה] ית
אדניה במרצעה ויהווי [ליה עבד פלח...:] 7 [... תפ]וק כנימוס [עבדייה... 8 אין בישה

[c]) Pl. with f. suff. [d]) We would expect אנתתי

בעינוי] דרבונה[...]: 18 ... וימחי גבר ית חברה לאבן או במרתוק ולא ימות ויפל למש[רי
.]הת: 19 אין יקום ויהלך בשוקה על חוטרה ויזדכי מדין דמחה יתה להוד אגר בטלונה
יתן ואגר אסיא דאסא יתה: 20 וארום ימחי גבר ית עבדה או ית אמהתה בשרביטה וימות
תחות ידה מתקנסה יתקנס: 21 לחוד יום חד או תריין יומין ייקום לא יתקנס מינה ארום
זבינות כספה הוא: 22 וארום יתנצון גוברין וידחפון איתה מעברה ויפקון וולדה ולא יהווי
סקול מתקנסה יתקנס היך מה די ישווי עלוי בעלה דאתתה ויתן על פם דייניא: 23 ואין
סקול יהווי ויתן נפש תשלומי נפש: 24 [ע]יין תשלומי עיין שן תשלומי שן איד תשלומי איד
[רגל תשל]ומי רגל: 25 כווייה תשלומי כווייה [פדעא] תשלומי פדעא חברי תשלומי
חברי: 26 וארום ימחי גבר ית [עיין עב]דה או ית ע[יין אמ]התה ויחבל ית[ה...] 27 ואין
שין ע[בדה ... יש]לח [יתה] חולף שינה :.... 36 ... מ]שלמה ישלם תור חולף תור וקטילה
תה[ווי לה:] 37 ארום יגנוב [גבר תו]ר או אימר או יכוס יתה או יזבן יתה חמ[שה תורין]
ישל[ם חו]לף תורה וארבע עיין חול[ף] א[ימרה:] 1:22 אין בחתורתה נשתכח ג[נבה ויתמחי
וימות לית לה תב]וע אדם: 2 [אין דנחה עלוי] שמשה אית-לה תבוע אדם משלמה ישלם
[אין לית לה] יזדבן בגנבתה: 3 ואין מש[כחה] תשכח[e] בידה גנבתה מן תור עד חמר עד
אימר בחיין בדיפלה ישלם: 4 אר[ום] יבקר גבר חקל או כרם וישלח ית יקידתה ויוכל
בחקלה דאחרן בית שפר חקלה ובית שפר כרמה ישלם 5 ארום תפוק אש ותשכח קוצנין
ותיכול גדישין [או קמ]ה או חקלה משלמה ישלם מן-דמוקד ית יקידתה: 6 אר[ום יתן]
גבר לחברה כסף או מאנין למנטרה יתהון ויגנבון מן ביתה דגברה אין ישתכח גנבה ישלם
בדיפלה: 7 אין לא ישתכח גנבה ויקרב מרה דביתה לוות-דייניא אין לא [פשיט] ידה
ב[מ]קמתה דחברה: 8 על כל פתגם דחטי על תור על חמר על [אי]מר על איסטלי על
כל יבידה די יאמר ארום [הוא דין קדם דייני]יא יעלון מלי תריהון וית מן די [יחייבון
דייניא] ישלם בדיפלא לחברה: 9 ארום יתן גבר לחברה חמר או [תור או אימ]ר וכל
בעיר למנטרה יתה וימות או [אתבר או א]שתבי ולית דחמי יתה: 10 קימה דיהו]ה תהווי
ביני תריהון דלא פשט ידה [במקמת חברה וי ....]כח חברה ולא ישלם: 11 [ואין יגנוב
מן] גביה ישלם למרוי: 12 [אין מתקטלה] יתקטל וייתא א... 14 [אין] בעלה עמה לא
ישלם אין אגיר הוא [...] באפסדה: 15 [וארום] ישרגג גבר בתולה די לא מארסה וישמש
עמה מפרנה יפ[רן] יתה לה לאנתה: 16 אין מסר[בה יסריב אב]וה דלא למתן יתה לה
כסף יתקול [כפר]ני בתולתה: 17 [עמי בני ישר] אל כל חרש וחרשה [לא תקיימון:] 18
עמי [...] בעיר מתקטלה [... ... 21 כל ארמלן ... 22 אין מצערה תצערון יתהון ויהווי
[מצוותה] יצוות עליכון קדם יהוה ואשמע בקל צלותה ארום חנן ורחמן אנה אמר ממרה
דיהוה: 23 דלא יתקוף רוגזי ואקטל יתכון בחרבה ויהוין נשיכון ארמלן ובניכון יתמין:

e) Read משתכחה תשתכח ?

6. Selections from Midrash Bereshit Rabba

(The text is based on the Vatican Ms. Ebr. 30, the only linguistically reliable text known. The manuscript was used by J. Theodor and C. Albeck, *Der Midrasch Bereschit Rabba* [Berlin 1931—36], in their critical apparatus but not for their text. The following text has been occasionally changed in accordance with the readings of other manuscripts. In these cases, the readings of the Vatican manuscript are listed in the notes; this is meant to serve the purpose of showing that even a good manuscript leaves us with many uncertainties and problems, and the time has not yet come to decide in all cases what is correct and what is not. Cf. also H. Odeberg, *The Aramaic Portions of Bereshit Rabba* [Lund-Leipzig 1939], and E.Y. Kutscher, *Studies in Galilean Aramaic*, in *Tarbiz*, XXI—XXIII [offprint, Jerusalem 1952].)

a) Rabban Gamaliel blesses his Daughter

(parasha 26, Theodor-Albeck, 247)

משאדם משיא את בתו ומוציא יציאות הוא או לה[9]): לא יהא ליך מחזרו הכה·
רבן גמליאל אסב ברתיה; אמ׳ ליה: אבא צלי עלי, אמ׳ לה: לא יהא ליך מחזרו להכה·
ילדה בן זכר[10]); אמ׳ ליה: אבא צלי עלי, אמ׳ לה: לא שלי הו ווי מפומיך· אמ׳ לו:
אבא שתי שמחות שבאו את מקללני[11])· אמ׳ לה: תרתיהון צלוון; מן גוא דאת הויה
לשלם בביתיך לא יהוי לך מחזרו להכא; ומן גו דהוי בריך קיים לא שלי ווי מן פומיך;
ווי דלא אכל ברי, ווי דלא אישתי ברי, ווי דלא אזל ברי לבכנישתא·

b) Jerusalem and Mount Gerizim

(parasha 32, Theodor-Albeck, 296)

ר׳ יונתן סלק למצלייה בירושלם· עבר בהדין פלטאנוס, וחמתיה[12]) חד שמריי, אמ׳
ליה: להן את אזל? אמ׳ ליה: נסוק[13]) למצליה בירושלם· אמ׳ ליה: לא טב לך מצלי
בהדין טורא בריכא[14]) ולא בההיא קיקילתא? אמ׳ ליה: ולמה הוא בריך? אמ׳ ליה:
דלא טף במוי (Ms. מוי) דמבולא· נתעלמה הלכה מעיני ר׳ יונתן לשעה[15])· אמ׳
ליה חמריה: ר׳ תרשיני ואני משיבו[16])? אמ׳ ליה: הין· אמ׳ ליה: אין מן טוריא רמיא
הוא, הכת׳ ויכסו כל ההרים הגבהים (Gen. 7:19); ואין מן מכיכא הוא לא אשגח
ביה קרא·

---

[9]) "When a man marries off his daughter, spending much in this connection, he says to her."

[10]) "She gave birth to a son."

[11]) "Father, two joys have come to me, and you curse me?"

[12]) = וחמה יתיה.

[13]) First person sg. (cf. H. L. Ginsberg, in *Tarbiz*, V [1934], 282).

[14]) I. e., Mount Gerizim.

[15]) "Rabbi Jonathan did not know what to say for a moment."

[16]) "Rabbi, do you permit me to answer him?"

c) *The Poor of Rome—Alexander the Great and the Hyperboreans*
(parasha 33, Theodor-Albeck, 300)

ר׳ יהושע בן לוי סלק לרומי, חמא תמן עמודיא דמכסיין בטפטין, בצינה שלא יקרשו ובחמה שלא יתבקעו[17]), וממהלך[18]) בשוקא חמא חד מסכן מכרך בחדא מחצלה; ואית דאמ׳ פלגא מרדיעא דחמר· על אינון עמודייא קרא צדקתך כהררי אל (Ps. 36:7); הן דאת יהב אשפעת· על ההוא עניא קרא משפטיך תהום רבה, (ibid.); הן דמחיית גזיית· אלכסנדרון מקדון אזל לגב מלכו קצייא... נפקין טעין ליה גרזמי דדהב בגו דיסקוס דדהב· אמ׳ להון: ולממוניכון אנא צריך? אמרון ליה: ולא הוה לך מה מיכול בארעך דאתית לך לריידן? אמ׳ להון: לא איתבעי למידע אלא היך אתון דיינין· מן יתיב גבייהן אתא חד ברנש קבל על חבריה אמ׳: הדין גברא זבן לי חדא קיקלא ואשכחית בגוה סימא; קיקלא[a] זבנית[b] סימא לא זבנית[b]· ההוא דזבין אמ׳: קיקלא ומה דבגבה זבינית· אמ׳ לחד מנהון: אית לך בר דכר? אמ׳ ליה: אין· אמ׳ לחורן: אית לך ברת? אמ׳ ליה: אין· אמ׳ ליה: איזל אסב דא לדין ויהא ממונא לתריהון· חמתיה[c] יתיב תמיה[d]· אמ׳ ליה: מה לא דנית טבאות? אמ׳ ליה: אין· אמ׳ ליה: אילו הוה גביכון, היך הויתון דנין[19])? אמ׳ ליה: קטלין דין ודין ומלכותא נסבא ממונא דתרתיהון· אמ׳ ליה: אית[e] גביכון מטר נחת? אמ׳ ליה: אין· אית גביכון שמשא דנח? אמ׳ ליה: אין· אית גביכון בעיר דקיק? אמ׳ ליה: אין· אמ׳ ליה תפח[f] רוחיה דההוא גברא דלא בזכותיכון מיטרא[g] נחית[h] עליכון ולא בזכותכון שמשא דנח עליכון אלא בזכותא דבעירא דקיקא·

a) Followed by ס; the scribe intended to write סימא b) Ms. זבני c) Ms. חמניה d) Ms. תמן e) *Supra lin.* f) Preceded by תפ (dittog.) g) Ms. מיטרנא (נא dittog. of the first syllable of the following word) h) Ms. נחתי

d) *Men love their Home Town*
(parasha 34, Theodor-Albeck, 327)

ר׳ שמע׳ בן לקיש הוה יתיב לעי באורייתא בהדה........[a] אוליסיס דטביריה· נפקין[20]) תרתיין נשין מתמן; אמרה חדא לחברתה: בריך דאפקן מהדין אוירה בישה· צווח להון ואמ׳ להון: מן אתון[21])? אמרין: מן מזגה· אמ׳: אנא חכם מזגה, ולית בה אלא תרתין עומרן· פתח ואמ׳: ברוך שנתן חן למקום בעיני יושביו[22])· תלמיד מן דר׳ אסי הוה יתיב קדמוי הוה[b] מסבר ליה ולא סבר מסבר ליה ולא סבר· אמ׳ ליה: למה

a) The dots indicate that the scribe skipped a word which he was unable to read b) Ms. adds למסבר ליה (dittog.)

---

17) "so that they would not contract in the cold nor be cracked by the heat."

18) = מן מהלך (cf. *Studies*, in *Tarbiz*, XXII, 190ff. [offprint, 33ff.]).

19) = דיינין (cf. *Studies*, in *Tarbiz*, XXI, 201 [offprint, 12]).

20) Third person pl. f. (cf. Dalman, *Grammatik*, 2nd ed., 235).

21) Masc. for f.?

22) "Blessed be He Who has made a place pleasing in the eyes of its inhabitants."

לית את סבר? אמ׳ ליה: דאנא גלי מן אתריי· אמ׳ לה: מן הן את[c]?, אמ׳ ליה[d]: מן גיבת שמו· אמ׳ ליה: ומה הינון ...[a] אוירייה דהתם? אמ׳ ליה: כד מינוקה מתילד אנן גבלין אדמדמני וטיישין מוחיה[e] דלא יכולונה[f] יתושיה[g]·

c) Ms. adds שהדיין (?) אתר את d) Ms. לית e) Ms. מיחייה
f) Ms. יכולתה (?) g) Ms. ותושייה

e) *The Children of the Generation of the Flood*
(parasha 36, Theodor-Albeck, 335)

עובדא הוה בחדא איתה דילידת בליליא ואמ׳ לבנה: צא והדלק לי את הנר[23] דנקטע[24] טיבורך· נפק ופגע ביה שידה שמרון· אמ׳ ליה: אזיל גליג לאמך דקרא תרנגולא; דאילו מני דקרא תרנגולא הוינא מחייתך[25] וקטל לך· אמר ליה: אזיל את גליג לאימך דלא קטעת אימא שורי; אילו קטעת אימא שורי הוינא מחייתך וקטליתך·

f) *The Two Prisoners*
(parasha 45, Theodor-Albeck, 451)

לשני בני אדם, שהיו חבושים בבית האיסורין, נמצא המלך עובר[26]· אמ׳ חד מנהון אמ׳ למלך: אדני תבע דיקי דידי· אמ׳ המלך: אפקוה· אמ׳ ליה חבריה: יבעי דיני גבך; אילו אמרת יבעי מלכא דיקי דידן, כמה דאפקוך כן אפיקו יתי· וכדו דאמרת תבע דיקי דידי, לך אפיק לי לא אפיק·

g) *King Diocletian and the Jews*
(parasha 63, Theodor-Albeck, 688)

דוקליטיינוס מלכא הוה רעי חזירין בהדה טיברייה· וכיון דהוה מטי סדריה דרבי הוון מיינוקיה נפקין ומחיין לה· בתר יומין אתעבד מלך· נחת ויתב לה בהדה פנייס ושלח כתבין לטיברייה בפתי רמשה דערובתה· אמר: אנא קיליוון דיהוון רברבני[a] דיהודאי[b] קיומין קודמיי בצפרא בחדבשובה[c]· פקדיה לשליחא ואמר לה: לא תתן יתהון להון אלא עם מטמעיה[d] דיומה דערובתה· נחת ר׳ שמואל בר נחמן למיסחי, חמתיה לרבי קאים קומיי[e] סדרה רבה פניו חולניות· אמ׳ לו: למה פניך חולניות[27]? אמ׳ לה: כן וכן אשתדר לן[f] כתבין מן מלכותה· אמ׳ לה: אתה סחי דבריין עבד ניסים· עלון למיסחי ואתה הדן ארגינט מגחך ומרקד קודמיהון· בעה ר׳ דיזעוף בה· אמ׳ ליה[e] ר׳ שמואל: שובקיה דזמנין על ניסין הוא מיתחמי· אמרין ליה[e]· מריך בעקה ואת

a) Followed in the Ms. by an erased letter b) The first ד over an erasure c) ד *supra lin.* in the Ms. d) מטמועי? (cf. *Studies*, in *Tarbiz*, XXII, 56f. [offprint, 20f.]) e) *Supra lin.* f) Read אשתדרון (G. Svedlund)

[23]) "Go out and kindle a light for me."

[24]) Cf. above, n. 13. [25]) Cf. above, n. 12.

[26]) "(Comparable) to two men who were kept in prison, and the king happened to pass by."

[27]) "Looking sick. . . . Why are you looking sick?"

קאים גחך ומרקד? אמ׳ להון: אזלין ואכלין ושתין ועבדין שובה טבה, ואנא מקים
לכון קודמוי בצפרה דחבשובה· בפקי שובתה[g] בתר סדרא נסתון ואקימתון[28] קודם
פילי דפנייס· עלון ואמרין לה: הא קימין קודם פילי· אמ׳: סוגרון פילי· נסתון
ואסיקהון עד טיכסה דמדינתה· עלין[h] ואמרין לה· אמ׳[e]: אנה קילייון[i] תיזון בני תלתה
יומין ויעלון ויסחון וייתון לגבי· אזלין ואזון בני תלתה יומין, ועל ארגינטי ומזגא[j][29]
קודמיהון ועלין[h] וסחון ואתון לגביה· אמ׳ להון: בגין דאתון ידעין דאלהכון עבד לכון
ניסים אתון מקלין למלכה· אמרין לה: לדליק טיינא רעי חזירין אקילנן ברם
לדוקליטינוס מלכא אנן משעבדין· אמ׳: אפילו כן לא תבסרו[30] לא ברומיי זעור
ולא בגולייר זעור·

g) Ms. שובתם h) Read עלון? i) Corrected to קיליוון in Ms.
j) Ms. *in marg.*

h) The Bone in the Lion's Throat
(parasha 64, Theodor-Albeck, 710)

בימי ר׳ יהושע בן חנניה גזרה מלכות שיבנה בית המקדש[31]·... אזלין
אלין כותאי ואמרין לה: ידיע להוא למלכא די הן קרייתא דך (Ezra 4:13)...
אמ׳ להון: מה נעבד וגזרית· [a]אמרין לה: שלח[a] אמ׳ להון: ישתנה מן אתרה, או[b]
יוספון עלוי חמש אמין או יבצרון מניה חמש אמין ומן גרמון הינון חזרין בהון· והוון
קהלה מצמתין בהדה בקעת רמון· כיון דאתון כתבייה שורון בכי[c] בעיי ממרוד[d] על
מלכותא· אמרין: יעול חד ברנש חכם ישדל[e] ציבורא· אמרין: יעול ר׳ יהושע בן חנניה
דהוא איסכוליסטיקה דאוריתא· על ודרש: ארי טרף טרף ועמד עצם בגרונו[32]·
אמר: כל דאתי מפיק לה אנה יהב לה אגרה· אתא הדן קורא מצרייה דמקוריה[f]
אריך ויהב מקורה ואפקיה· אמ׳ לה: הב לי אגרי· אמ׳ לה: אזל תהווי מגלג ואמר:
דעלית לפימיה דארייה בשלם ונפקית בשלם· כך דיינו שנכנסנו לאומה הזו
בשלום ויצאנו בשלום[33]·

a—a) Ms. twice b) *Supra lin.* c) (part. pl.) corrected to בכו in Ms. d) ו *supra lin.* e) Ms. ישדך (?) f) Ms. דמוקדה

i) The True Friend
(parasha 65, Theodor-Albeck, 728)

אמ׳ ר׳ אבא בר כהנא: עובדא הוה בחדה סיעה דפאריטון בהדה[a] בכפר[b]
חיטיה· והוון אכלין בכנישתה כל אפתי רמש בשובה· מן דהוון אכלין הוון נסבין[c]

a) Partly erased in Ms. In the Ms., there follows another בהדה, which was formerly read ביזרה (G. Svedlund) b) ב partly erased in Ms. c) Ms. *in marg.*

[28]) See above. [29]) = ומזגה.

[30]) Cf. *Studies*, in *Tarbiz*, XXII, 58 (offprint, 22) (read, perhaps, תבסר).

[31]) "In the days of Rabbi Joshua b. Hananiah, the government decreed that the temple be rebuilt."

[32]) "A lion had killed a prey, and a bone got stuck in his throat."

[33]) "Thus it is good enough for us to have entered this nation in peace and to have left in peace."

גרמייא מקלקין על ספרה· חד מינהון מן דמיך אמרין לה: למן את מפקד על בניך? אמ׳ להון: לספרה· כמן[d] רחמין [e]הוו לה[e] והוא[f] אמ׳ לספרה, אלא דהווה ידע מה עובדיהון·

d) Corrected to כמה (!) in Ms. e—e) Ms. הוונילה (?) f) Ms. והוון (?)

j) How to Fill the Empty Treasury
(parasha 67, Theodor-Albeck, 761)

אנטונינוס שלח לגב רבינו אמ׳ לה: בגין דתיסווריה חסירין מה נעביד ונמלי[a] יתהון? נסתיה[b] לשליחה ואעליה לגו פורדיסה, שורי[c] עקר פוגלין רברבין ושתיל דקיקין, תורדין רברבין ושתיל דקיקין, חסין רברבין ושתיל דקיקין· אמ׳ לה הב לי אנטיגרפה· אמ׳ לה: לית את צריך· סליק לגביה, אמ׳ לה: הן היא אנטיגרפה? אמ׳ לה: לא יהב לי כלום· אמ׳ לה: ומה אמ׳ לך? אמ׳ לה: לא אמ׳ לי כלום· אמ׳ לה: לא עבד קומיך כלום? אמ׳ לה: נסתי[34]) ואעלי[35]) לגו פרדיסא, שורי עקר פוגלין רברבין ושתל דקיקין, תורדין רברבין ושתל דקיקין, חסין רב׳ וש׳ דקיקין· שורי מפק דוכסין[d] ומעל דוקסין עד זמן דאתמלון תיסווריה·

a) Ms. ונמלייא (cf. above, c, note g) b) Ms. נסתייה c) Corrected to שרי in Ms. d) Ms. ק, corrected to כ

k) A Dream Interpreted
(parasha 68, Theodor-Albeck, 784)

חד ברנש אזל לגביה דר׳ יוסי ביר׳ חלפתא, אמ׳ לה: אתאמר לה לההוא גוברא בחילמא[a]: אזל סב פעליה דאבוך מן קפאדוקיה· אמ׳ לה: ואזל אבוך לקפדוקייא מן יומוי? אמ׳ לה: לא· אמ׳: אזל מני עשרין כשורין ברכסה דבייתך ואת משכח לה· אמ׳ ליה: לית בה עשרין· אמ׳ ליה: ואין לית ביה עשרין, מני מן[b] ראשיהון לסופיהון [c]ומסופהון לרישהון[c] אן[d] דאת משכח עשרין את משכח לה· אזל עבד ואשכח· ומנן[e] יליף לה ר׳ יוסה בר חלפתה, מן[f] דקפדוקיה[36])·

a) Ms. *in marg.* b) Ms. adds א (end of line) c—c) Ms. over an erasure d) Ms. ודאן (?) (וד *supra lin.*) e) Ms. ומני f) Ms. *in marg.*

l) Laban, the Deceiver
(parasha 70, Theodor-Albeck, 817)

אמרין לה ומה הני לך עביד[a]· אמ׳ להון: אין בעיי אתון, אנה מרמי בה ויהב לה הדה לאה, דהוא רחם להדה רחל סגין והוא עבד גבן עוד שבע שנים[37]) אחרניין·

a) Ms. *in marg.*

34) = נסה יתי. 35) Cf. G. Dalman, *Grammatik*, 2nd ed., 362.
36) κάππα δόκια "twenty beams".
37) "Still seven years."

אמ׳ לה: עבד מה דהני לך· אמ׳ להון: יהבון לי[b] משכונין דלית חד מינכון מפריש·
יהבון לה מישכונין· ואזל אייתי[c] עליהון חמר, משח וקפד, הווה[d] למה נקרא שמו
לבן הארמי, שרימה אפילו באנשי מקומו[38]· כל ההוא יומא הוון[e] מכללין בה·
וכיון דעל לביתיה ברמשא אמ׳ להון: מהו כדן? אמ׳ ליה: את גמלת חסד בזכותך·
הוון מקלסין קודמוי ואמרין: הילייה הילייה היא ולאה[f] היא לאה· ברמשא אתון
מעלתה[39] וטפון בוצינייה· אמ׳ להון: מהוא כדן? אמרין: מה את סכי דאנן דביזיון
דכוותכון? כל ההוא ליליה צווח לה רחל והיא ענייה לה· בצפרא והנה היא לאה
(Gen. 29:25)· אמ׳ לה: מה, רמייתה ברת רמאי! אמרה: ואית ספר דלית לה תלמידין?
ולא כן הווה צווח אבוך[g]? צווח לך עשו ואת עני לה!

b) Ms. over an erasure c) Ms. איותי (ת over an erasure) d) Corrected to הוי (!) in Ms. e) Corrected from הווה f) ו erased in Ms. g) Ms. אביך

m) A Letter to the Roman Emperor
(parasha 75, Theodor-Albeck, 883)

רבינו אמ׳ לר׳ אפס כתוב חדה איגרה מן שמי למרן מלכא אנטונינוס· קם וכתב:
מן יהודה נשיא למרן מלכא אנטונינוס· נסביה וקריה וקרעיה· אמ׳ לה: כתוב: מן
יהודה עבדך למרן מלכא אנטונינוס· אמ׳ ליה: ר׳ מה את מבזה על כבודך[40]? אמ׳
לה: מה אנא טב מן סבי? לא כך אמ׳ כה אמר עבדך יעקב (Gen. 32:5)?

n) Soaking the Rich
(parasha 76, Theodor-Albeck, 904)

זו מלכות הרשעה, שהיא מכנסת עין רעה בממונו שלאדם[41]: פלן עתיר[a]
נעבדיניה ארכונטס, פלן עתיר[a] נעבדינה בולווטס·

a) Ms. עתיד

o) The Non-Jew and the Jewish Travelers
(parasha 76, Theodor-Albeck, 906)

ר׳ ור׳ יוסי ביר׳ יודה היו מהלכין בדרך· ראו גוי אחד בא לקראתן[42]· אמרין:
תלת מילין הוא שאיל לן: מה אתון? ומה אומנותכון? ולהן אתון אזלין? מה אתון: יהודיין,
ומה אומנותכון? פרגמטווטין, ולהן אתון אזלין? למזבון חיטין מן אוצרה דיווני·

38) "Why was he called Laban the Aramaean? Because he even deceived his fellow citizens."

39) = מעל יתה.

40) "Rabbi, why do you belittle your dignity?"

41) ". . . that evil realm (i. e., the Roman Empire) which looks malevolently at the money people possess."

42) "Rabbi and Rabbi Yōsē, the son of Rabbi Yūdāh, once were on a trip, when they saw a gentile coming toward them."

p) The Fox and the Angry Lion
(parasha 78, Theodor-Albeck, 924)

אמר ר׳ לוי ארי כועס על בהמה ועל החיה[43])· אמרין: מן אזיל מפייס יתיה? אמ׳ להון הדן תעלה: אתון לכון דאנה ידע תלת מאה מיתלין, ואנה מפייס יתיה· אמרין: אגו מן· הלך ציבחד[a] וקם ליה· אמרין לה: מה? אמר להון: אנשיית מאה[b]· אמ׳ לה: אית במאתיך ברכן· הליך ציבחד[a] וקם ליה· אמרין לה· מהא? אנשיית אוף מאה· אמרין לה: אית במאה ברכן· וכיוון דמטא תמן א׳: אנשיית כולהון, אלא כל חד וחד יפייס על נפשיה·

a) Ms. ציבחר b) Ms. מאת

q) The Angels against Esau's Men
(parasha 78, Theodor-Albeck, 929)

כל אותו הלילה נעשו מלאכי השרת כתים וחבורות חבורות[44]), והוון מגעין באלין דעשו, והוון אמרין להון: מן דמן אתון? והוון אמ׳: מן דעשו· והוון אמרין: יהבון להון; מן דבריה דיצחק, והוון אמ׳: יהבון להון; מן דבר בריה דאבר׳, והוון אמרין: [a]יהבון להון[a]· וכיון דהוון אמרין: מן אחוי דיעקב אנן, הוון אמרין: שובקותון[b] דמן דידן הינון· לצפרה ואמ׳ לה מי לך כל המחנה הזה (Gen. 33:8)? אמ׳ לה: אמרין לך כלום? אמ׳ לה: מכתת אנה גבהון·

a—a) Ms. *in marg.* b) Corrected to שובקונון in Ms.

r) Do'nt Take and Do'nt Give!
(parasha 78, Theodor-Albeck, 931)

ויפצר בו ויקח (Gen. 33: 11): מתחמי מחזר[45]) וידיה פשיטה... ר׳ שמעון בן לקיש סליק[a] למשאל בשלמה דרבינו· אמ׳ לה: צלי עלי דהדה מלכותה בישה סיגין· אמ׳ לה: לא תיסב מן ברנש כלום ולית את יהב לה כלום· מן יתיב גביה אתת חדה איתה טעינה לה חד דיסקירין וחדה סכין בגוה· קם נסב סכינה וחזר לה דייסקרה· אתה חד בלדר מן דמלכותה וחמתה[46]) וחמדה ונסבה· בפתי רמשה סלק ר׳ שמעון בן לקיש למשאול וחמתיה יתיב[b] שחיק· אמ׳ לה: למה את שחיק? אמ׳ ליה: ההיא סכינה דחמיית אתה חד בלדר מן דמלכותה חמתה וחמדה ונסבה· אמ׳ ליה: ולא כן אמרית לך: לא תיסב מן ברנש כלום, ולית את יהיב לה כלום!

a) Ms. adds א beyond the end of the line b) Ms. יהיב

---

[43]) "Rabbi Levi said: The lion was once angry at the domestic and other animals."

[44]) "All through that night, the service angels formed themselves into groups and companies."

[45]) = מן חזר, or part *pa.* [46]) = וחמה יתה.

s) *The Same Dream Interpreted Differently*
(parasha 89, Theodor-Albeck, 1095)

חדה איתה אזלת לגב ר׳ ליעזר אמרת לה: חמת ההיא איתתה בחלמא תניתה דביתה פקעה· אמ׳ לה: ההיא אתתה מעברה וילדה בר דכר· אזלת וכן הווה לה· חזרת וחמת זמן תניין· אזלת[a] לגבי ר׳ ליעזר ואמרת ליה: ההיא אתתא חמת בחלמה וגו׳· אמ׳ לה[b]: ההיא אתתא מעברא וילדה בר דכר· אזלת וכן הווה לה· חמת זמן תליתיי; אתת לגביה ולא אשכחתיה· אמ׳ לתלמידוי: הן הוא רבכון? אמ׳ לה: מה את בעיא מיניה? אמרה: נימר להון דלמא דהינון חכימין דכוות רבהון חכים! אמרה להון: ההיא אתתא חמת בחלמה תנייתה דבייתה פקעה· אמרין לה: ההיא אתתא קברה בעלה· אזלת וכן הוה לה· וכיון[c] דאתא ר׳ אליעזר שמע קלה מצווחה, אמ׳ להון: מהוא כדן? תנון לה עובדה· אמ׳ להון: אבדתון גוברה·

a) Ms. adds erased אמ b) Ms. ליה c) Ms. וכן (probably a mistake under the influence of the preceding כן, although in Biblical Hebrew and in the "Genesis Apocryphon", כן corresponds to כיון [cf. H. Yalon, in *Sinai*, 1958, 237])

t) *Joseph's Brothers*
(parasha 91, Theodor-Albeck, 1128)

ויאמר אליהם לא.... ויאמרו שנים עשר וגו׳ (Gen. 42: 12f.) אמ׳ לון: והן הוא? אמ׳ ליה: זבינן יתיה· אמ׳ לון: בכמה? אמ׳ ליה: בחמש סלעים· אמ׳ לון: ואן אמ׳ לכון ברנש: הבון[a] לי חמש סלעין ואנא יהיב יתיה לכון, עבדין אתון? אמ׳ לה: אן· ואן אמ׳ לכון ברנש: יהבון לי בכיפלה ואנא יהיב יתיה לכון, עבדין אתון? אמ׳ ליה: אין· ואן אמ׳ לכון ברנש: אפילו דאתון יהבין לי כמן, לית אנה יהב יתיה לכון, מה אתון עבדין? אמרין ליה: על מנת כן נחתנן או למקטול או למקטלה·

a) Corrected to ייהבון in Ms. (יי in the margin at the beginning of the line)

u) *The Innkeeper and Rabbi Meir*
(parasha 92, Theodor-Albeck, 1144)

אמ׳ ר׳ לוי: עובדא הוה בדרומא דהוה תמן חד פונדקיי והוה קאים לביש זגוי בליליא ואמר למן דהוה תמן: קומו פוקו לכון דלוויתה[a] אני עבדה[a]· והוון נפקין ולסטאי מקדמין להון ומקפחין להון ועלין ופלגין עימיה· חד זמן עבר[b] ר׳ מאיר ואתקבל תמן· קם[c] ולבש זגוי ואמ׳ לה: קום פוק לך דלויתה [a]אני עברה[a]· אמ׳ לה: אית לי חד אחה ואנה יתיב מסכי לה· אמ׳ לה: והן הוא? אמ׳ לה: בכנישתה· אמ׳ לה: מה שמיה, ואנה אזל קרי לה· אמ׳ ליה: כי טוב· כל ההוא ליליה הווה ההוא פונדקייה הווה אזל וצווח על תרעה דכנישתה: כי טוב כי טוב, ולא הוה ברנש עני לה· בצפרא קם ר׳ מאיר ושוי חמרה דייזל לה· אמ׳ לה פונדקייה: הן הוא ההוא אחוך דאמרת? אמ׳ לה: היידילה וירא אלקים את האור (Gen. 1: 4)·

a—a) Apparently corrected from אי עברה (?) b) Corrected from איעבר (= עבר, cf. *Studies*, in *Tarbiz*, XXII, 60 [offprint, 24])? c) Ms. *in marg.*

v) The Wise Woman of Abel-Beth-maacah (II Sam. 20:22)
(parasha 94, Theodor-Albeck, 1183)

אמרה להון: מה אתון בעיין מובדה מדינתכון? להדה[a] איפרכיה אזל דוד ולא כבשה או להיידה זאווי אזל יואב ולא כבשה או להיידן קרב אזלון ולא נצחון? הוא בעה גבהון תרתין מאוון דבנינש· לא טב לכון יהבין לה תרתין מאוון דבנינש ולא מחרבה מדינתכון? אמרין לה: ויסב· אמרה להון: אנה סלקה תובן לאיגרה ומפייסה לה, דלמא דהוא שבק מינהון· עבדת גרמה סלקה לאיגרה ונחתה, אמרה להון: לא בעה אלא מאה· אמרין לה: יסב· וסלקת תובן ונחתת ואמרת להון: לא בעי אלא חמשין· וכן תובן: לא בעה אלא עשרין, וכן תובן: לא בעה אלא עשרה, וכן תובן: לא בעה אלא חד· אמרין לה: אן הווא טב קרתה אנן יהבין יתיה· אמרה להון: חד הוא ואכסני הוא· אמרין לה: ומן הוא? אמרה להון: שבע בן בכרי·

a) Corrected to הידה in Ms. (י *supra lin.*), where the vocalization הֵ is indicated.

w) Health and Strength
(parasha 97, Theodor-Albeck, 1241)

ר׳ יוסי הווה מפקד לחברייה: לא יהוון[a] יתבין על מיסטובייתה דסדרא בר עולה בסיתווא דהינין צנינן סגין· ר׳ אבהוא נחת למיסחי והווה מסתמך על תרין גונתיין, חד מן ימיניה וחד מן שמליה· אתון למשרוע וזקפון[b], אמרין לה: ר׳ כל הדן חיילה אית בך ואת צריך לאלין?

a) Corrected to תהוון in Ms. b) Ms. *in marg.*

7. Selections from the Palestinian Talmud

(From L. Ginzberg, *Yerushalmi Fragments from the Genizah* [New York 1909], with a few changes in accordance with the standard text.)

a) The Destruction of the Temple and the Birth of the Messiah
(Berakhot 5a, Ginzberg, 9)

חד יהודי הוה קאם רדי· געת(?)[a] תורתיה קומוי, עבר חד עורביי ושמע קלה· א׳ ליה: בר יהודאי בר יהודאי[b] שרי תורך שרי קיקנך, דהא חריב בית מקדשה· געת זמן תנינות[c], א׳ ליה: בר יהודאי בר יהודאי קטור תורך קטור קיקנך דהא איתליד[47]) מלכה משיחה· א׳ ליה: ומשמיה[48])? א׳ ליה: מנחם· א׳ ליה: ומשמיה דאבוי? א׳ ליה: חזקיה· א׳ ליה: ומנן הוא? א׳ ליה: מן בירת מלכה דבית לחם יהודה· זבין תורוי זבין קיקנוי

a) Ms. ע . . . ת b) Ms. . . ודאי c) Ms. ת . . נות

[47]) Probably איתִליד < איתְיְליד.

[48]) = ומה שמיה.

ואתעבד[d] מזבין לבדין למנוקייה והווה מעליל[49] קרייה ונפק קריה עד דעל לההיא קרתא· והוון[e] כל נשייה זבנן מיניה ואימה דימנחם לא זבנה· שמע קליה דנשייה אמרן: אימה דמנחם אימה דמנחם איתיי זיבנין לבריך· אמרה: [f]בעייא אנה מחנוק שנאיהון דישראל דביומא[f] דאיתליד אתחריב בית מקדשה· א׳ ליה: ומה אכף לה[g]? איתיי זובנין[h] ליה· אין לית קומיך יומא דן, בתר יומין אנה אתי ונסב· בתר יומין על לההיא קרתה דהווה בה· א׳ לה: מהוא מיינוקה עביד? אמרה ליה: מן שעתה דחמיתניה אתון רוחין אתון עלעולין וחטפוניה מן ידיי·

d) Ms. adds מב (at the end of the line) e) Read והוין? f—f) Ms. בעיין אנה מחניק דש ... יהון ישראל דביומא דביומא g) Ms. אפכלה h) Ms. זיבני

b) The High Regard of Roman Officials for the Rabbis (Berakhot 9a, Ginzberg, 16)

ר׳ יוחנן הווה יתיב קרי בכנשתה דבבלייה דציפורין· עבר שילטונה ארכונה ולא קם[a] ליה מן קומוי· אתון בעיין ממחנה· א׳ לון: ארפון ליה, בנימוסה דברה הוה עסיק· ר׳ חנינה ור׳ יוש׳ בן לוי עלון קומי אנטיפוטה דקיסרין· חמתון וקם לה מן קומהון· אמרין לה: ומן קומי אלין יהודי את קיים לך? אמר לון: חייכון אפיהון דמלאכין חמית· ר׳ יונה ור׳ יוסה עלון קומי ארסקינס דאנטוכייה· חמתון וקם ליה מן קומיהון· א׳ ליה: ומן קומי אלין יהודאיי את קיים לך? אמר לון: חייכון, כד אנה נפק לקרבה דמותתהון[b] אנא חמי ונצח· ר׳ אבון על קומי מלכותה· מדנפק הפך קדל· אתון בעין מקטולניה וחמון תרין זיקוקין דנור נפקין מן קדליה·

a) Ms. קאים b) Ms. דמ twice

8. Selections from Midrash Wayyiqra Rabba

(From the edition by M. Margulies [Jerusalem 1953—60], V, 26f. and 86 [Geniza fragments]. Cf. also II, 245f. and IV, 796f.)

a) The Incorrigible Drunkard (parasha 12)

מעשה בזקן אחד שהיה שותה תריין קסטין בכל יום ויום: יום אחד לא היה לו· מה עשה? מכר קורת ביתו ושתה, מכר קורת בית בדו ושותה בהן יין והיו בניו מליזים אחריו ואומרין[50]: לית הדין סבא דאבונן סבק לן בתר מיתותיה כלום· מה נעבד? אתון נסבנה[a] ונשקי יתיה חמר ונשכרניה ונאמר עליו[b] דהוא מית וניפוק נשכבניה במשכביה· עבדון ליה כן; נסוניה ואשקוניה ושכרוניה ואמרון עליו[b] דהוא

a) Ms. נסבה (?, נסיונה?) b) Hebrew?

[49]) = מן עליל.

[50]) "A story about an old man who used to drink . . . every day. One day he did not have anything. So, what did he do? He sold the beams of his house, and drank. He sold the beam of his wine press, and was drinking wine for (the price realized from it). His sons maligned him, saying . . ."

מית ונפקון ושכבוניה[51]· עברון חמריה למיעול לההיא מדנתה שמעון דנגריא גובי[52]. אמרון: אתון נפרוק זיקינן בהדין משכבה ונערוק· עבדון כן; פרקון זיקיה בההוא משכבה דהוא ההוא סבא רביע בגויה· בתר תלתה יומין אתעיר מין שנתיה ואשכח זיקה לה, שרתה[53] ויהביה[c] לפומיה, שורי שתי וזמר· אמרון בניו[b]: לית[d] אנן חמיין מה[e] עביד[f] אבונן; אית הוא חי, אית הוא מית? אזלון אשכחוניה יהיב[54] על פומיה והוא שתי וזמר· אמרין: אפילו הכה לא שבקיה ברייה[g]· מה נעבד ליה? אתון נסיניה ונעבד ליה קטסטיס, דין יהוי משקי ליה יומיה ודין יהוי משקי ליה יומה·

c) Ms. twice (on two pages, custos?) d) Ms. adds אבֹנֹוֹן (the dots indicate letters to be deleted) e) Ms. twice (on two lines) f) Ms. עבד(?) g) Ms. ברריה.

b) The Rabbi and his Nephews (parasha 34)

ר׳ שמעון בן יוחי דמך ליה לילי ראש שתה וחמא בחלמיה דבנוי דאחתיה מזדמיין[a] שת מאה[b] דינרין· נסב יתהון ואקים יתהון פרנסין· א׳ ליה: מן דמן מפקתא? א׳ להון: תהוון מפקין וכתבין ובסופה דשתא אנן מחשבין ואנה אמ׳ לכון· בסופה דשתא איתאמר עליהון[c] לישן ביש דהוון יהבין ונסבין בהדין מטכסין· אתא חד גבר סב מן מלכותא א׳ להון: או דאתון עבדין[d] פורפירה למלכה או דאתון מיזדמי שת מאה דינרין· נסתהון וחבש יתהון בפלקי· כיון דשמע ר׳ שמע׳ בן יוחי אזל לגבהון א׳ להון: כמן אפיקתון? אמ׳ ליה: הא כתבה, סב קרי· קרא כתבא[e] ואשכח דאפקון שת מאה דינרין חסיר [שיתה] דינרין· א׳ לון: הבון לי שיתה דינרין ואפ [יק[f] לכון· נסבון יהבון ליה] שיתה דינרין ויהבון גו קומציה ואמיך [אפוי ונפק ליה]· מי נפיק[55] א׳ ליה: דלמה דהויתה ידע דה [וינן מיזדמיין?] אמ׳ לון: חייכון, מן לילי ריש שתה הוינא יד[ע דאתון] מזדמיין[g] שת מאה דינרין· אמ׳ ליה: ואילו אמ׳ [לן הוינן יהבין אוף] אילין שיתי דינרייה בגו מצוותא· אמ׳ להון [ואילו אמרית] לכון הויתון מיימנתי? אלא אית הוה[h] לי משופיה יתכון·

a) Ms. מזדמייה. For דבנוי דא׳ read דבני אחתיה b) Ms. adds די׳ (at the end of the line) c) Ms. עלוי d) Ms. עבדון e) Ms. adds וא׳ (at the end of the line) f) Ms. וליפ[וק] g) Ms. מזדמייה h) Ms. איתחורה

9. Palestinian Inscriptions

a) From Jericho

(*Sepher Hayyishshūb* I, 1 [Jerusalem 1938—39], 88; *Quarterly of the Department of Antiquities in Palestine,* VI [1938], 73—77)

דכירן[56] לטב יהוי דכרנהון לטב כל קהלה קַדְ[יְ]שַׁה רביה וזעוריה דסייע יתהון מלכיה דעלמה ואתחזקון ועבדון פסיפסה דידע שמהתון ודבניהון ודאנשי בתיהון יכתוב יתהון בספר חייםֿ[57] [עם] צדיקיה חברין לכל ישראל שלֿ[ום אמן]·

[51]) = ואשכבוניה.
[52]) Perhaps גו בי "in the house, inside (in the city)" (Prof. S. Lieberman).
[53]) = שרי יתה. [54]) I. e., the wine skin.
[55]) מִן נָפֵק < מִינָּפֵק (cf. *Studies*, in *Tarbiz*, XXII, 191 [offprint, 34]).
[56]) = דכירין. [57]) Hebrew.

b) *From Kerazeh (Khorazin)*

(Frey, *Corpus Inscr. Iudaicarum*, No. 981; *Tarbiz*, I [1929—30] 150—52; *Sepher Hayyishshūb*, 98)

דכיר לטב יודן בר ישמעל דעבד הדן סטוה ודרגוה בפעלה יהי לה חולק עם צדיקים[57])

c) *From Noaran*

(Frey, No. 1203; *Sepher Hayyishshūb*, 109)

ד]כירין לטב כלמן[58]) [ד]מתחזק ויהב או [די]הב[59]) בהדן אתרה [ק]דישה בן דהב בן [כ]סף בן כל מקמה [ד]היא [דאיתו]ן חו(ל)קהון בהדן אתרה קדישה אמן

d) *From Kephar Kenna*

(Frey, No. 987; *Sepher Hayishshūb*, 93)

דיכר[60]) לטב יוסה בר תנחום בר בוטה ובנוי דעבדון הדה טבלה תהי להון ברכתה אמן

e) *From Capernaum*

(Frey, No. 982; *Sepher Hayyishshūb*, 94)

חלפו בר זבידה בר יוחנן עבד הדין עמודה תי[61]) לא[62]) ברכתה

f) *From Fiq (ʾApheq)*

(Frey, No. 855; *Sepher Hayyishshūb*, 27)

אנה יהודה חזאנה

g) *From Gush Ḥalab (Giscala)*

(Frey, No. 976; *Sepher Hayyishshūb*, 29)

יוסה בר נחום עבד האדן תאה[63]) לה ברכתה

h) *From Umm el ʿAmed*

(*Bulletin of the Israel Exploration Society*, XIX [1955], 183)[64])

יועזר חזנה ושמעון אחוי עבדו הדן תרא דמרי שומיא

i) *From Beth Sheʿarim*

(*Israel Exploration Journal*, IV [1954], 95)

I דקביר בהדין שמעון בר יוחנן ובשבועה דכל דיפתח עלוי יהי מאית בסוף ביש

II כל מן דיפתח הדה קבורתה על מן דבגוה ימות בסוף ביש

---

58) = כל מן. 59) The first יהב is perf., the second part. 60) Read דכיר.

61) = תהי (cf. *Studies*, in *Tarbiz*, XXIII, 52 [offprint, 52]).

62) = לה (cf. *Studies*, *ibid.*). 63) = תהא.

64) The language of this inscription differs from Standard Galilean Aramaic in three respects: עבדו (instead of עבדון, except for the Targum fragments published by P. Kahle); תרא = תרעא (cf. *Studies*, in *Tarbiz*, XXIII, 45ff. [offprint, 45ff.]); and שומיא (found in Christian Palestinian [Palestinian Syriac] and Samaritan Aramaic).

)F SCRIPTS

...l	Hatra	Monumental Nabataean	Samarita Majuscule	Samarita Cursive	Syriac (Serṭô)	Mandaean

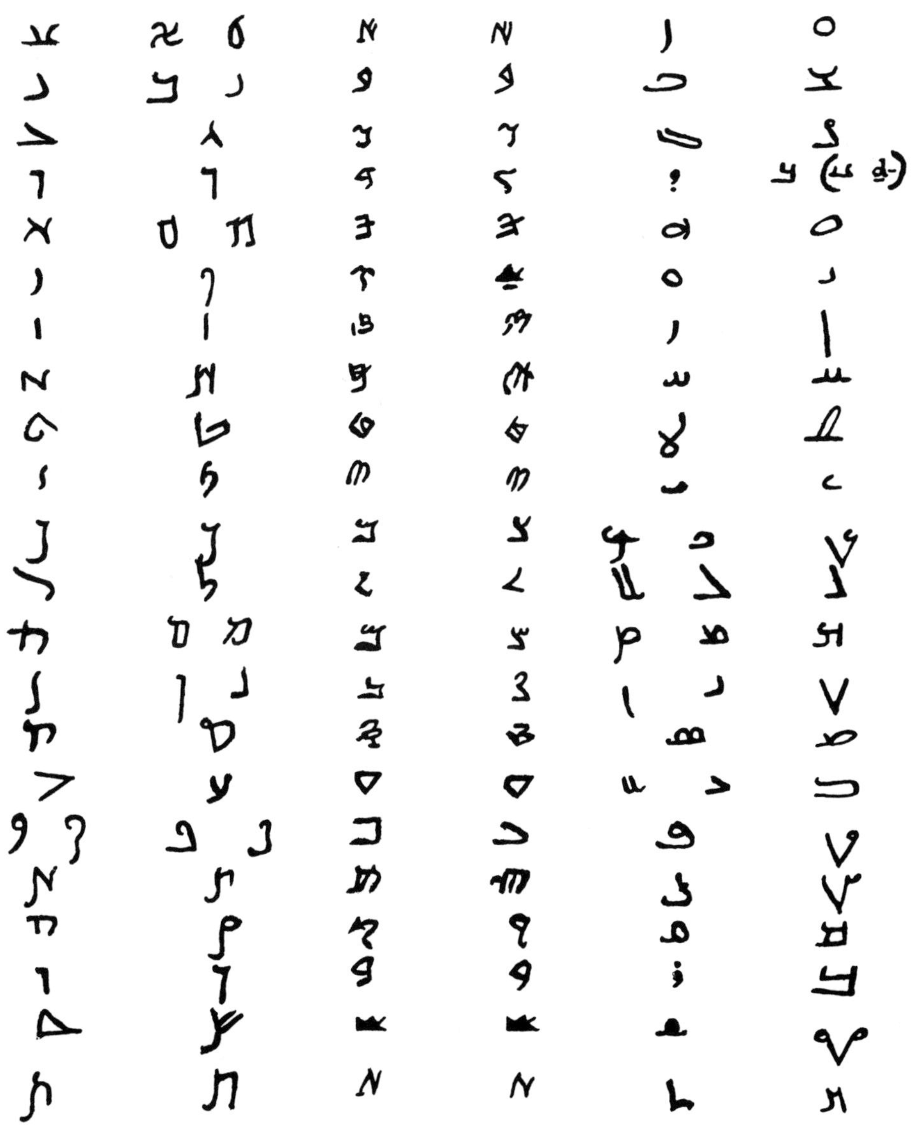

TABLE

Hebrew	Trans-literation	Ancient Aramaic (Sfire)	Achaemenid Egypt	Palestinian Hebrew (Isaiah Scroll)	Monumental Palmyrene
א	ʾ				
ב	b ḇ				
ג	g ḡ				
ד	d ḏ				
ה	h				
ו	w				
ז	z				
ח	ḥ				
ט	ṭ				
י	y				
כ ך	k ḵ				
ל	l				
מ ם	m				
נ ן	n				
ס	s				
ע	ʿ				
פ ף	p p̄				
צ ץ	ṣ				
ק	q				
ר	r				
שׁ (שׂ)	š (ś)				
ת	t ṯ				

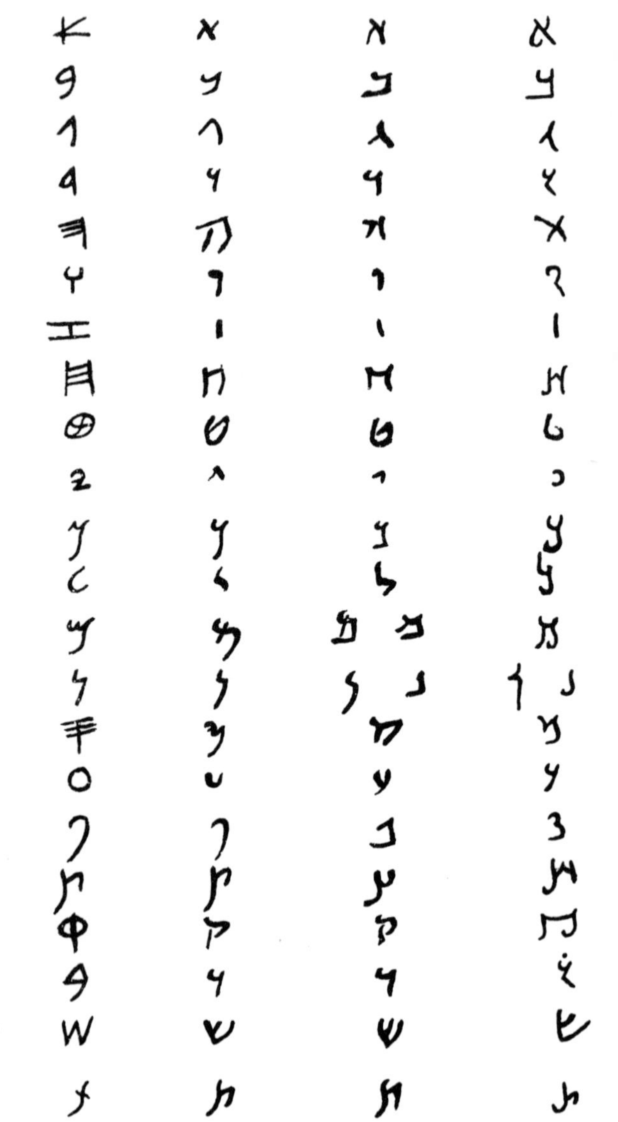